L'evoluzione della natura del disinvestimento aziendale e le modalitá di exit

Alberto Ravizzoli

Sommario

Introduzione

Negli ultimi 30 anni le strategie di ristrutturazione aziendale hanno avuto l´obiettivo di ridisegnare i confini organizzativi aziendali e implementare una nuova visione strategica per garantire alle realtà in oggetto una più affine aderenza all'ambiente circostante e assicurare la capacità di mantenere inalterata, o anche, incrementare la propria competitività sui mercati.

Parte delle operazioni di Ristrutturazione Aziendale realizzate consistono nelle operazioni di Corporate Divestiture, che rientrano nelle Ristrutturazioni di Portafoglio, utilizzate dalle imprese per riallocare le proprie risorse e realizzare una nuova configurazione dell'impresa.

Nonostante queste operazioni siano state sempre considerate quali strumenti con i quali correggere investimenti errati realizzati nel passato, oggi il disinvestimento aziendale rientra a pieno titolo nel novero di quegli strumenti di business che le aziende utilizzano per raggiungere i propri obiettivi di crescita e di incremento del valore aziendale: l'evidenza empirica dimostra come le operazioni di disinvestimento, infatti, non siano realizzate unicamente da quelle imprese le quali vivono una situazione di crisi economico-finanziaria, ma anche e soprattutto da parte di quelle aziende che, pur non trovandosi in una situazione di difficoltà, utilizzano tale strumento per la realizzazione di un più ampio progetto strategico finalizzato alla crescita del proprio valore.

Molti sono gli obiettivi perseguiti e i driver che consentono la liberazione del valore nell'ambito di tali strategie, a causa, essenzialmente, della diversità dei tre strumenti principali con i quali il disinvestimento si realizza: Corporate Sell Off, Corporate Spin Off ed Equity Carve Out.

Il libro può essere basicamente diviso in tre grandi dimensioni: nella prima è stato analizzato il fenomeno dal punto di vista storico e sulla base della letteratura manageriale a disposizione, nella parte centrale si analizzano le operazioni di divestiture mentre, nella parte conclusiva si pone attenzione alla dinamica ed alla misurazione del valore tramite valutazione finanziaria.

Il lavoro individua 4 fattori razionali di spinta che interagiscono direttamente con le operazioni di disinvestimento, influenzando il modello e determinando risultati non sempre eterogeni tra loro. Il fenomeno di re-focusing è stato approfondito sulla base della teoria dei costi di transazione in riferimento all'efficienza nella gestione aziendale. Successivamente si analizza la temática della Resource Based View e Istitution Based View. Infine si sottolinea l'importanza della teoria dell'agenzia ha accompagnato l'intera analisi delle operazioni di ristrutturazione aziendale.

Capitolo I

Evoluzione storica delle operazioni di diversificazione o re-focusing

Il termine disinvestimento ha subito nel corso degli anni una profonda evoluzione, trasformandosi da mezzo di correzione di errori commessi negli anni precedenti da parte del management, a scelta strategica consapevole, volontaria e proattiva, finalizzata alla creazione di valore.

Il disinvestimento come operazione di corporate restructuring rientra nell'ambito delle ristrutturazioni di portafoglio, con le quali l´impresa ridefinisce il proprio perimetro aziendale. Le principali modalità di disinvestimento sono il sell-off, lo spin-off e l'equity carve-out.

Nel primo caso si tratta della vendita di una o più attività dell'impresa madre mentre lo spin-off prevede la creazione di una nuova società indipendente, separando parzialmente o completamente le attività della parent e consegnando le azioni della nuova società agli azionisti della precedente. L'ultima modalità si differenzia dallo spin-off in quanto le azioni della nuova società vengono in parte collocate nel mercato mediante un'offerta pubblica. Il processo di ristrutturazione aziendale può essere avviato in due situazioni ben distinte.

Nel primo caso si tratta di ristrutturazioni giudiziarie e non volontarie, motivate da situazioni temporanee o permanenti di crisi aziendale, il secondo, si esplica all'interno del processo continuo che coinvolge la stessa natura dell'impresa, finalizzato alla creazione del valore e al miglioramento della posizione competitiva della stessa.

È a partire dagli anni 80 che il desinvestimento cambia di significato. Infatti è in tale contesto che le imprese (principalmente statunitensi e anglosassoni) hanno iniziato a modificare il proprio portafoglio di attività ricorrendo al disinvestimento e avviato un processo di re-focusing verso la propria o le proprie attività core.

Quattro i fattori che hanno influenzato le imprese a diversificare oltre il "livello ottimale" negli anni ´60 e ´70. La volontà di accrescere l'utilità individuale del manager, che spinge ad investire per l'acquisizione di altre attività, anche non correlate a quella dell'impresa madre, a discapito della massimizzazione del valore per gli azionisti. La risposta positiva che il mercato offriva in relazione alle recenti acquisizioni. Il mutamento esterno intervenuto nell'evoluzione dei prodotti e processi, oltre al mercato dei capitali che ha notevolmente ridotto i benefici della diversificazione e aumentato i costi.

Infine la divergenza di aspettative tra il management e gli shareholder. L'ambizione, la spregiudicatezza e la superbia della classe dirigenziale ha portato le imprese ad essere dei veri e propri colossi industriali incapaci di essere gestiti e poco profittevoli, soprattutto in relazione al potenziale delle singole unità/business, se portate al di fuori del sistema integrato di cui facevano parte.È bene analizzare il trade-off tra diversificazione e focalizzazione. La strategia di diversificazione ha l'obiettivo di sviluppare la presenza competitiva dell'impresa in una molteplicità di settori non necessariamente correlati, delineando le condizioni organizzative e operative utili a tal fine.

Un'impresa diversificata realizza quindi una quota significativa del proprio volume d'affari in settori diversi da quello di origine, o comunque considerato come non principale."

La principale distinzione riguarda il grado di intensità della diversificazione correlata, l'impresa diversifica in aree di business connesse in relazione a fattori di rilievo strategico ed economico e diversificazione conglomerale, l'impresa si espande in settori privi di connessione strategica rispetto alle aree già di pertinenza.

Le spinte propulsive a favore della diversificazione sono: la mancanza di opportunità di crescita nel settore di origine, lo sfruttamento di risorse e competenze eccellenti al di fuori del settore di origine, l'utilizzazione della capacità in eccesso e la ricerca di nuove opportunità, lo sfruttamento delle economie di scopo, lo sviluppo di un mercato interno, la riduzione del rischio, l'aumento del potere di mercato dell'impresa e/o superamento di una situazione di crisi.

La strategia di re-focusing envolve l'abbandono o la riqualificazione, attraverso diverse modalità, di asset, attività e/o mercati a favore di una maggiore attenzione e sviluppo dei core business dell'impresa. Questa strategia consente di indirizzare gli sforzi economici e strategici verso un numero minore di attività e favorisce la specializzazione.

Durante il periodo 1960-1970 l'impresa conglomerata consentiva una maggiore efficienza, grazie alla creazione ed un uso proficuo di un mercato di capitali interno, correlato da un allocazione ottimale delle risorse interne. Nel decennio successivo i costi associati al controllo dell'impresa diversificata si sono moltiplicati, mentre il mercato esterno ha raggiunto un efficienza che rendeva più profittevoli le transazioni al di fuori dell'impresa.

Come accennato in precedenza, a partire dagli anni '80 il disinvestimento ha assunto sempre maggior rilievo, soprattutto per le imprese statunitensi e anglosassoni, che hanno trovato nell'esercizio di una delle operazioni di corporate restructuring una via d'uscita per potersi rifocalizzare sul core business e rendere maggior profittevole l'unità disinvestita e appropriarsi, in parte, del guadagno derivante dal disinvestimento, in maniera indiretta o diretta a seconda della modalità scelta.

Se negli anni '60 solo 1% delle prime 500 imprese aveva optato per questa scelta, giá negli anni '70 la percentuale aveva raggiunto il 20% e con la fine dagli anni 80 oltre il 50% delle imprese aveva percorso una strategia di rifocalizzazione, con l'intento di migliorare la performance economica, finanziaria ed operativa.

Ció si spiega sostanzialmente con una maggiore efficienza dei mercati di capitali esterni che di fatto ha ridotto i vantaggi, rispetto al passato, delle operazioni di diversificazione. Circostanza confermata dallo studio di Berger e Ofek del 1995 che evidenza una perdita media, associata alla diversificazione, tra il 13% e il 15% durante il periodo che va dal 1986 e il 1991, confrontando il valore dell'impresa stand-alone e il valore dei singoli segmenti di business.Lo studio evidenzia quindi come l'impresa risulta essere meno profittevole rispetto alle singole divisioni. Gli investimenti eccessivi sono associati al minor valore dell'impresa diversificata e causa della perdita di valore.

Altro elemento nocivo alla redditività dell'impresa è la continua sovvenzione dei segmenti meno profittevoli. I potenziali benefici derivanti dalla diversificazione sono una maggiore protezione fiscale sugli interessi, data dalla maggiore capacità di indebitamento e la capacità delle imprese multi-segmento di realizzare risparmi fiscali compensando i profitti tra i vari segmenti.

La ricerca dimostra che l'impatto di tali benefici risulta essere una percentuale insignificante delle vendite, di molto inferiore rispetto alla perdita di valore dettata da una strategia di diversificazione.

Oltre a questa circostanza lo studio evidenza un´altro fenomeno, il cosiddetto sconto da diversificazione (diversification discount). In presenza di questo fenomeno il valore dell'impresa conglomerata risulta essere inferiore rispetto a quella mono-business.

È una tendenza del mercato azionario che sottovaluta lo stock dei business conglomerati. Viene calcolato sommando la stima del valore intrinseco di ciascuna sussidiaria considerata indipendente dalla casa madre e sottraendo a quel valore la capitalizzazione di mercato dell'impresa conglomerata.

Risulta essere un inefficienza del mercato e consente nelle operazioni di M&A l'acquisto di titoli sottovalutati rispetto ai valori potenziali. Alla base della sottovalutazione del valore dell'impresa vi possono essere giustificazioni che incidono sulla capacità dell'azionista di ricreare un portafoglio finanziario con minori costi di transazione rispetto ai business occupati dall'impresa, costruiti secondo la medesima logica finanziaria.

Inoltre la diversificazione risulta essere maggiormente efficiente quando guidata dalla ricerca e valorizzazione delle interrelazioni tangibili o meno tra i diversi business, una diversificazione conglomerale riduce drasticamente questa possibilità. Infine si possono creare meccanismi di occultamento delle performance negative di alcune divisioni dovuti alla minor trasparenza delle operazioni nelle imprese conglomerate. Hoskisson in uno studio riguardante quel período ha formulato un modello teorico di 15 ipotesi che incidono direttamente o meno sul livello e l'intensità del disinvestimento, testandole in un campione di oltre 200 imprese tra il 1985 e il 1990.

La ricerca ha confermato la previsione secondo la quale le imprese che presentano un'elevata diversificazione di prodotti sono più propense a disinvestire. Il risultato finale della ricerca, inoltre, dimostra come questa ipotesi sia la causa principale di un alto livello di disinvestimento.

Infatti una maggiore diversificazione di prodotto penalizza la performance dell'impresa, cioé l'impresa conglomerata travalica i confini di azione e si espone alle inefficienze dovute alla propria dimensione.

Passando all'analisi dell'ultimo decennio del secolo scorso, fino ai tempi attuali risontriamo un andamento delle operazioni di disinvestimento a "ondate", in risposta ai mutamenti ed incentivi provenienti da fattori esterni. Gli anni di maggior concentrazione sono a cavallo tra il 1999 e il 2000 e negli anni della "grande recessione" (2007-2008).

Nel periodo 1990-1999 il 40% di tutte le transazioni era rappresentato da divestitures (cessione di una divisione, di una business unit o sussidiaria, offerte al mercato attraverso differenti modalità). La percentuale è aumentata fino al 48% nel 2013. Se includiamo anche le operazioni di divestment, vendita parziale o totale, o cessione di beni materiali o riduzione della forza lavoro, la percentuale dei disinvestimenti sul totale delle operazioni di M&A supera il 50% già nel 2010 e continua il suo incremento negli anni successivi. Quello che risulta evidente è il caso dell'Asia.

I valori delle operazioni di disinvestimento sono notevolmente inferior ai dati europei. Questa é una caratteristica in economie dove i mercati risultano parzialmente chiusi.

Seguendo la logica dei costi di transazione ed individuata la scelta tra la creazione di un mercato interno e la possibilità di ricorrere a quello esterno come possibile spartiacque tra la scelta di espandersi raggiungendo una dimensione conglomerale, o disinvestire asset o business per perseguire una strategia di re-focusing, è intuitivo il ruolo dell'economia post-comunista come fattore di incentivo verso la creazione di un mercato interno all'impresa rispetto a quello esterno maggiormente controllato, chiuso e ifficilmente accessibile.

È tuttavia noto come la crescita dei mercati, in continua evoluzione soprattutto nei paesi asiatici possa ben presto condizionare ed incentivare le imprese mediorientali ad assumere un comportamento in linea con il trend dell'economia occidentale.

Tre le principal componenti che portano le grandi compagnie a disinvestire per adattare il proprio portafoglio all'evoluzione del comportamento del mercato.

Al primo posto vi è una maggiore attenzione ed un ritorno verso il/i core business. La capacità di generare cassa e migliorare la performance operativa sono le successive determinanti.

Una volta stabilizzata l'economia, negli anni successivi alla grande recessione, il profilo del disinvestimento è mutato, assumendo un ruolo preciso all'interno di una pianificazione di lungo termine, motivato da considerazioni strategiche.

Se a cavallo del 1980 il riposizionamento nel mercato attraverso una strategia di re-focusing era motivata a parziale correzione degli errori di strategie antecedenti come la diversificazione, sostenute dall'impresa multidivisionale, negli anni post crisi la cessione degli asset non-core è sorretta da ragioni più profonde, in una prospettiva di lungo periodo che favorisce la creazione di valore per l'impresa. Il disinvestimento è motivato dalla limitata prospettiva di crescita potenziale e il mancato fit strategico con i prodotti dell'impresa e l'impossibilità di sfruttare le conseguenti sinergie.

Capitolo II

Il disinvestimento come fonte di vantaggio competitivo

Nell'evoluzione delle operazioni di corporate restructuring il disinvestimento ha raggiunto il ruolo di scelta strategica, finalizzata alla creazione di valore. Il punto di partenza per un'analisi approfondita del fenomeno è l'approccio definito resouce based, il passo successivo sarà collocare le operazioni di divestiture come opzione strategica in grado di modificare e rinnovare, in un processo continuo, il portafoglio di risorse e competenze aziendali al fine ultimo di creare valore, raggiungendo un vantaggio competitivo sostenibile.

Sulla base della prospettiva concettuale di Penrose, le imprese sono valutate e differenziate in funzione della propria dotazione di risorse, cioé impresa "as a collection of resources". Selznick sucessivamente introduce il concetto di "distinctive competence" quale fattore che contraddistingue le organizzazioni e il loro modo di operare.

Scegliendo questo approccio la risorsa è alla base dell'evoluzione dell'impresa ed è determinante come principale fattore di successo.

Il patrimonio di risorse in dotazione all'organizzazione trainerà lo sviluppo dell'impresa, intesa come un sistema dinamico che attiva meccanismi di generazione, utilizzazione e riproduzione di risorse. Wernerfield amplia il concetto di risorsa, che è tutto ciò che per l'organizzazione che la detiene e la utilizza può essere considerato un punto di forza o di debolezza. L'ambiente esterno si rivela essere la fonte di tali risorse, mentre meno attenzione viene data al fattore esterno come elemento determinante un vantaggio competitivo.

Il patrimonio di risorse non è statico, ma è in grado di riconfigurarsi nel tempo, rigenerarsi e, potenzialmente, è atto a generare nuove risorse. Si evolve all'interno dell'organizzazione, la quale, deve cogliere le opportunità di sviluppo, assecondando, tramite la propria attività le nuove direzioni. Infatti le scelte aziendali si configurano in azioni capaci tanto di generare e trasformare, quanto di distruggere risorse.

Il patrimonio di risorse non è la semplice somma di queste, ma risulta essere il prodotto di una loro configurazione. Nel tempo sono entrate a far parte dell'organizzazione seguendo un processo di accumulazione.

Questo determina il modo in cui esse vengono inserite e utilizzate dall'impresa. Infine non bisogna dimenticare la principale distinzione tra risorse tangibili e intangibili.

Le prime sono dotate di un carattere quantitativo, mentre le seconde difficilmente presentano un riscontro monetario e si evidenziano in due aree fondamentali della gestione aziendale: il mercato (immagine, reputazione, relazione con i clienti, etc.) e il sistema aziendale (attitudine all'innovazione, valori aziendali, capitale organizzativo,etc.).

Una terza categoria, isolata, è rappresentata dalle risorse umane, dotata di componenti sia materiali che immateriali.La capacità organizzativa dell'impresa consente di modellare, integrare e coordinare le risorse in dotazione al fine di raggiungere un vantaggio competitivo.

Il fattore chiave per il raggiungimento dell'obiettivo è la capacità dell'organizzazione di utilizzare al meglio quello che si ha a disposizione rispetto ai concorrenti.

L'integrazione delle risorse segue le routine organizzative, ossia un modo di operare, composto da azioni ripetitive, poste in sequenza e coordinate. L'impresa matura le proprie competenze attraverso il coordinamento e l'integrazione delle risorse.

Le competenze possono essere intese come la capacità di realizzare azioni/attività più o meno complesse, derivante dall'integrazione di determinate risorse ed eventualmente di altre competenze e risultante da un processo di apprendimento interno. Alla base del vantaggio competitivo le risorse e le competenze devono possedere 3 proprietà. Devono essere poco diffuse, rilevanti rispetto ai fattori critici di successo e difficilmente appropriabili.

Il disinvestimento, inteso come un'operazione in grado di modificare e riqualificare il portafoglio di attività e risorse dell'azienda, può essere assimilato, seguendo la logica descritta precedentemente, come una competenza distintiva.

Competenze distintive sono le attività che un'organizzazione è in grado di attuare in modo migliore rispetto ai concorrenti. Queste sono il risultato di un'integrazione tra l'ambiente esterno, caratteristiche interne e valori dell'organizzazione con gli obiettivi da essa individuati.

Per anticipare o rispondere al continuo mutamento dell'ambiente competitivo l'impresa è chiamata a disporre di competenze dinamiche, atte a riconfigurare, in un processo continuo, la dotazione di risorse, mediante cambiamenti strategici e organizzativi.

Il disinvestimento strategico è una delle fonti mediante la quale si può modificare il portafoglio dell'impresa, muovendosi lungo una strategia di crescita e rimodulando le proprie attività in base a risorse complementari e non ridondanti rispetto le finalità perseguite.

L'allocazione di risorse e capacità in specifici contesti, necessità della loro valutazione in termini di costo-opportunità, ossia il beneficio derivante da una configurazione di risorse deve risultare superiore rispetto ad una diversa allocazione di queste in relazione agli usi alternativi che si possono sviluppare.

Se consideriamo la fungibilità delle risorse, conforme lo studio di Levinthal e Wu, ossia la capacità di reimpiego di una medesima risorsa in diversi contesti, una fungibilità maggiore rappresenta un incentivo per l'impresa a diversificare perseguendo economie di scopo. É bem vero daltronde che secondo il concetto di costo-opportunità lo sfruttamento della risorsa è limitato e preclude un diverso utilizzo.

L'importanza di tale studio deriva dall'inserimento delle variabili esterne che modificano il costo-opportunità delle risorse detenute dalle imprese. Un mercato maturo può ridurre la scale free property o diminuire il beneficio relativo all'utilizzo della risorsa in un particolare segmento.

L'impresa tenderà cosi a diversificare aumentando il profitto totale ma diminuendo quello marginale, abbassando il livello di utili conseguiti. In questa situazione si suggersisce l'intervento di un'operazione di divestiture in grado di meglio rimodulare le risorse, spingendole verso nuovi mercati, senza inficiare il costo-opportunità delle stesse e senza ridurre il profitto marginale, perseguendo il fine ultimo di creazione di valore, in risposta ai mutati fattori ambientali che alterano le caratteristiche delle capacità interne all'organizzazione, o meglio, ne impongono una modifica.

La rimodulazione delle risorse e il disinvestimento di asset rappresentano la conseguenza diretta che succede ad un'acquisizione. Capron sviluppa l'idea secondo la quale, la dismissione, è funzionale ad una riconfigurazione delle imprese protagoniste di un'operazione di M&A.

Il disinvestimento riflette l'evolversi delle capacità aziendali, attraverso un processo di riconfigurazione in una prospettiva dinamica. Maggiore sarà il fit strategico tra il compratore e l'impresa target, maggiore sarà la possibilità di overlap e conseguentemente, sarà plausibile il disinvestimento di asset ridondanti.

L'operazione successiva all'acquisizione sarà la rimodulazione delle risorse presenti nelle organizzazioni, modificando il portafoglio dell'impresa come entità unitaria. Maggiore sarà la comunanza precedente di un medesimo contesto strategico, maggiore sarà la condivisione e la riconfigurazione di risorse. Tale processo porta alla creazione di nuove risorse e competenze in contrasto e multiple rispetto quelle esistenti. La logica suggerita da Capron implica il disinvestimento del business in possesso di risorse ridondati.

Il processo di acquisizione, rimodulazione e disinvestimento va interpretato in un prospettiva dinamica, incentivata da mutamenti esterni e fattori ambientali in evoluzione, che incidono sulle routine organizzative delle divisioni chiamate a rispondere o ad anticipare tali cambiamenti, in modo da riconfigurare i propri asset strategici.

Uno dei requisiti indispensabili per il mantenimento di un vantaggio competitivo, è lo sviluppo di innovazioni, capaci di far acquisire all'impresa guadagni superiori rispetto ai competitors, nel già richiamato processo dinamico e continuo a cui prende parte l'organizzazione.

L'innovazione è un fattore essenziale non solo per poter continuare a competere e confrontarsi in mercati che hanno travalicato i confini nazionali. Le imprese sono obbligate a mantenere un certo ritmo evolutivo per raggiungere posizioni di vantaggio. Diversamente, le organizzazioni che mancano di processi innovativi sono costrette ad inseguire e il valore creato dalle rispettive strategie, motivate più da fattori di sopravvivenza piuttosto che da spinte pioneristiche, risulteranno inferiori alla concorrenza. Un operazione di unbulding si inserisce in una strategia di coorporate finalizzata allo sviluppo di innovazioni. Nella visione tradizionale, le divisioni disinvestite spesso risultano essere poco profittevoli e con minori prospettive di crescita.

Ribaltando tale approccio e seguendo l'impostazione secondo la quale il disinvestimento è una scelta strategica consapevole e proattiva, volta alla creazione di valore in una prospettiva di lungo periodo, l'oggetto delle operazioni di divestitures non saranno più unità poco profittevoli, ma divisioni performanti che presentano elevati margini di crescita. Il motivo di tale scelta rispecchia la volontà dell'impresa parent di favorire l'innovazione e, mantenendo una relazione con l'unità ceduta, appropriarsene ,una volta sviluppata dalla unit indipendente.

La cessione di un'unità performante è motivata dalla creazione di una strategia autonoma ed indipendente, in grado di esplorare nuove opportunità e business. Nel caso di grandi multinazionali la flessibilità in grado di cogliere i nuovi stimoli dal mercato, viene limitata dall'aspetto organizzativo che impone una certa rigidità.

Una sub-unit autonoma e maggiormente flessibile è in grado di muoversi liberamente e con maggiore consapevolezza, dovuta alla conoscenza concreta e diretta del settore in cui opera, rispondendo ai nuovi stimoli in un processo dinamico e fruttuoso.

La relazione parent/unit svolge un ruolo di assoluta rilevanza nell'ambito di operazioni di disinvestimento che favoriscono l'innovazione. Mantenere unrapporto con l'unità ceduta è di vitale importanza per poter accedere ai vantaggi acquisibili grazie all'attività innovativa della divisione autonoma. Il rapporto con l'unità può essere mantenuto attraverso diverse modalità.

Il controllo proprietario è sicuramente l'elemento caratterizzante questo tipo di operazioni. Moschier e Mair evidenziano la possibilità di favorire l'operazione di riacquisto, una volta sviluppata l'innovazione, tramite l'inserimento di una call option.

Tra il 1990 e il 2010, come riportato dai due autori, il 40% delle unità disinvestite sono state successivamente riacquistate dalla parent. Altre modalità di collaborazione sono la possibilità per la divisione di accedere alle risorse umane, alla rete di vendita della casa madre, oltre che sfruttarne l'immagine maggiormente strutturata. L'aiuto finanziario rappresenta un altro importante aspetto. Infatti le piccole imprese risultano essere si maggiormente flessibili, in grado di intravedere possibilità di crescita interne al mercato, ma, la mancanza dei fondi necessari spesso risulta essere decisiva per l'abbandono dei progetti che richiedono ingenti investimenti, pur con una prospettiva di ritorno elevata.

L'aiuto della casa madre risulta essere determinante per l'attività della unit. L'insieme di questi fattori che strutturano la relazione facilita il raggiungimento degli obiettivi della divisione e l'attività innovativa. Il disinvestimento è un'alternativa per valorizzare ed accrescere le capacità dell'impresa finalizzate alla creazione di valore tramite lo sviluppo di innovazioni, caratteristica essenziale per il raggiungimento di una posizione di vantaggio competitivo.

Il processo continuo cui si sottopone l'impresa costringe le organizzazioni ad una valutazione dinamica ed intertemporale della propria attività, attraverso, come dimostra la ricerca condotta da Helfat e Eiisenhardt una soluzione over time, mediante l'uscita in segmenti prodotto/mercato e l'entrata in nuovi business. In questa ottica si sfruttano economie di scopo non in contesti diversi, quanto in periodi di tempo differenti, attraverso processi di entrata e uscita. L'organizzazione si evolve mediante operazioni di disinvestimento inserite in strategie di lungo termine. L'abilità di ottenere economie di scopo intertemporali incentiva lo stesso processo, favorendo decisioni strategiche volte alla creazione di valore. Un intervento tardivo può compromettere l'azione delle organizzazioni che rimangono stagnate in mercati ben conosciuti con poche prospettive di crescita e, nei peggiori casi, in declino.

17

Il disinvestimento non va interpretato come decisione unica e indipendente, ma è sviluppato all'interno di un processo dinamico che coinvolge i molteplici aspetti dell'attività d'impresa. La cessione di un business se non preceduta da un'attenta pianificazione e non inclusa in un processo strategico più ampio risulta essere motivata esclusivamente da fattori statici che indirizzano l'operazione verso una parziale compensazione di errori precedenti e senza l'aspettativa di creazione di valore. Il processo di disinvestimento deve essere modulare ed incentivato da più fattori.

Moliterno e Wiserma nel loro contributo individuano il disinvestimento di risorse come un'importante capacità, esercitata dal management aziendale per l'implementazione di strategie volte alla creazione di valore e al raggiungimento di un vantaggio competitivo sostenibile.

Il fulcro della loro ricerca è il disinvestimento di risorse, comprendente la modificazione delle routine, che si esplica in due step successivi l'uno all'altro. Nel primo l'impresa deve essere motivata a disinvestire e, una volta presa la decisione, ci si concentra sulle selezione di quali risorse cedere. L'organizzazione deve maturare la competenza necessaria al fine di generare ed appropriarsi del guadagno derivante da tale strategia.

Il lavoro degli autori evidenzia come il vantaggio competitivo conseguibile dal disinvestimento di risorse, possa essere determinato non solo dalla rent generation ma anche dalla rent appropriation, ossia la capacità dell'impresa di assicurarsi i profitti positivi (affitti) che derivano dalla cessione di risorse o asset aziendali.

Le imprese, periodicamente, andranno a modificare e rimodulare il portafoglio di attività attraverso investimenti e disinvestimenti di risorse. Il guadagno viene generato da una valutazione positiva della risorsa da parte del mercato, superiore rispetto i costi sostenuti per la risorsa stessa ed il suo sviluppo.

Il disinvestimento crea ritorni positivi sia per l'impresa acquirente, influenzata da aspettative superiori rispetto il valore della risorsa, sia per la cedente (seller), capace di acquisire un vantaggio attraverso il processo di rent appropriation.

Il valore della risorsa, il ruolo delle aspettative e i processi di appropriazione del valore sono gli aspetti centrali di questo lavoro. Un'impresa in grado di collocare sul mercato una risorsa che presenta rendimenti marginali inferiori alle aspettative, utilizza il disinvestimento come un processo atto alla creazione di valore.

Capitolo III

Fattori tradizionali che influenzano
il processo di disinvestimento

Il disinvestimento è una scelta presa a livello centrale (corporate strategy), finalizzata alla creazione di valore. Attraverso la rimodulazione del portafoglio delle attività dell'impresa il management intende liberare risorse, di varia natura, da destinare a diversi usi, con rendimenti maggiori.

I fattori tradizionali che sostengono il disinvestimento strategico per la creazione di valore sono scindibili in due differenti aree complementari e riguardano motivazioni di carattere strategico e quelle di carattere finanziario.

Nella categoria delle motivazioni strategiche rientrano il processo di riposizionamento verso il/i core business, la forza dell'unità disinvestita e l'interdipendenza e l'eliminazione delle sinergie negative tra i business, la flessibilità strategica, l'apprendimento organizzativo e l'utilizzo del disinvestimento come mezzo per contrastare le scalate ostili.

Nelle determinanti finanziarie ritroviamo la forza monetaria dell'impresa e dell'unità disinvestita nella capacità di indebitarsi e nell'accedere a risorse non solo economiche, il recupero dell'efficienza dei mercati dei capitali interni e una migliore performance economica, la risoluzione dei problemi di agenzia e l'eliminazione delle asimmetrie informative in relazione alla trasparenza del mercato.

Tutti gli studi che hanno analizzato la strategia di focalizzazione delle imprese statunitensi negli ultimi 30 anni evidenziano i caratteri in termini di performance finanziaria ed operativa.

L'utile deriva dalla miglior gestione del patrimonio a seguito dell'attività di cessione e una riconfigurazione delle energie verso i core business aziendali. Nel 75% dei casi l'attività ceduta non risultava essere correlata rispetto le attività principali della parent. Il disinvestimento di attività conglomerali evidenzia come la migliore focalizzazione sulle attività principali sia una determinante centrale nelle operazioni di portfolio restructuring, ed incide profondamente sulla creazione di valore azionario.

Secondo il modelo proposto da Duhaime e Grant la forza finanziaria dell'organizzazione, l'importanza dell'unità e l'interdipendenza tra i business rappresentano gli stimoli maggiormente rilevanti che precedono un'operazione di divestiture. Altri due fattori di influenza, non dimostrati empiricamente, sono la crescita economica globale e l'attaccamento dei manager.

I risultati dimostrano una relazione positiva tra la decisione di disinvestire e la posizione finanziaria non favorevole dell'organizzazione considerata nel suo complesso, rispetto ai propri competitors, mentre meno significativa risulta essere la posizione finanziaria sfavorevole rispetto le precedenti performance.

Il secondo fattore di maggiore influenza è la bassa forza finanziaria o la perdita di competitività dell'unità ceduta. In questo caso una strategia di disinvestimento risulta essere posta a correzione di fallimenti relativi a strategie di diversificazione. Questa rappresenta la típica soluzione in um contesto di overdiversification, dovuto alle operazioni di acquisizioni e fusioni nei decenni precedenti. In ultimo, l'interdipendenza tra i business è inversamente correlata al disinvestimento.

Maggiore sarà la connessione tra le unità dell'organizzazione, minore risulterà il ricorso a operazioni di un-bulding e viceversa.

Un'ulteriore determinante del disinvestimento è la volontà dell'organizzazione di aumentare la propria flessibilità strategica, mantenendo relazioni con le unità cedute. In questo caso l'impresa risulta essere fortemente integrata e di conseguenza, la sua rigidità, le impedisce di muoversi contemporaneamente in più contesti, raggiungendo performance soddisfacenti.

La ricerca di una maggiore flessibilità, atta a sviluppare competenze settoriali, spinge l'impresa a modificare il portafoglio attività. Questo non significa perdere completamente i possibili vantaggi e guadagni conseguibili dall'occupazione di più segmenti mercato/prodotto. La capacità del disinvestimento strategico è quella di creare, attraverso diversi meccanismi, dei collegamenti con le unità cedute e appropriarsi delle rendite positive che derivano dalla segmentazione autonoma delle proprie attività o, nel caso di una cessione definitiva a terzi (sell-off), di generare cassa attraverso la vendita dell'attività.

Anche questo ultimo caso non preclude possibili accordi volti a mantenere delle proficue relazioni tra le due imprese, garantendo alla parent la flessibilità strategica, che diventa una caratteristica imprescindibile per le imprese che si muovono in un contesto dinamico come quello del nuovo millennio. La flessibilità richiesta dal mercato è una determinante cruciale per le operazioni che comportano la modifica dei confini delle organizzazioni, chiamate a configurarsi continuamente rispetto la domanda.

Un altro fattore che influenza il disinvestimento è l'apprendimento organizzativo, ossia l'esperienza acquisita dall'impresa in una certa attività e che consente ad essa di accumulare maggiori proventi grazie alle conoscenze maturate nel tempo.

22

In questi termini le operazioni di divestiture e le modalità di implementazione saranno influenzate dall'esperienza legata a transazioni precedenti. L'abilità dell'impresa di riconoscere il valore delle informazioni esterne, assimilarle e svilupparle all'interno rappresenta la capacità fondamentale legata al processo di assorbimento.

La performance di un'operazione di corporate restructuring risulta fortemente influenzata dall'accumulo di esperienza: l'impresa tenderà ad optare per una particolare modalità di disinvestimento a seconda del successo o meno di scelte strategiche precedenti. Il processo di apprendimento dell'organizzazione risulta a sua volta influenzato dalla conoscenza primaria in possesso di ogni singolo individuo, dalle informazioni esterne e dalla capacità dell'impresa di sfruttare le conoscenze dei singoli dipendenti e di svilupparle in un processo costruttivo mediante una comunicazione interna efficace.

In definitiva, risulta chiaro, come il disinvestimento sia guidato e gestito, nella maggior parte dei casi, da compagnie competenti che si muovono in direzioni che già conoscono, attraverso meccanismi consolidati. In alcuni casi la cessione di business o asset consente alle multinazionali di eliminare le sinergie negative tra le attività all'interno della medesima organizzazione. Il disinvestimento consente di recuperare risorse e rimuovere le perdite derivanti dalla gestione centrale e unitaria di più business. Il fenomeno della cannibalizzazione tra due o più prodotti è l'esempio tipico della presenza di sinergie negative. Spesso tali fenomeni sono la diretta conseguenza del ciclo di vita del prodotto.

In un processo dinamico ed evolutivo che coinvolge diversi settori le imprese si confrontano con loro stesse nella vendita di prodotti che soddisfano i medesimi bisogni e che i consumatori considerano sostitutivi. In questa situazione il valore dei business viene scontato dall'incidenza delle vendite maturate da altre divisioni prodotto.

A questo punto il quando disinvestire risulta essere una decisione cruciale. Il timing dell'operazione è motivato non solo dalla capacità della parent di creare il maggiore valore possibile attraversi il disinvestimento, ma anche dalle attività che rimangono nel portafoglio dell'impresa.

Un ulteriore motivo strategico che conduce al disinvestimento è la rimozione delle minacce di scalate ostili. L'impresa quotata in borsa riceve una valutazione negativa dal mercato che si traduce in una diminuzione del prezzo delle azioni, distribuite tra una moltitudine di azionisti, che detengono titoli per motivi speculativi.

Il possibile acquirente è intenzionato ad assumere il controllo della società, intravedendo le possibilità di un maggiore sviluppo attraverso una gestione migliore, acquistando le azioni (rastrellamento del mercato azionario) ad un prezzo superiore rispetto al valore nominale delle stesse. Il management, che vede compromessa la sua posizione, in quanto ad una scalata ostile consegue normalmente un mutamento delle persone poste al vertice della società, può controbattere i takeover o decidere di vendere ad un prezzo maggiore rispetto a quello offerto dal mercato.

Passando alle determinanti finanziarie la capacità di accedere a risorse economiche ed il livello di indebitamento rappresentano i fattori che maggiormente incidono sulla decisione di disinvestire unità. Una spiegazione alla vendita di asset, alternativa rispetto alla determinante che si fonda sull'efficienza allocativa di risorse, è fondata sulle financing hypothesis of asset sales. Secondo tale approccio il management è motivato a cedere unità sul mercato al fine di procurarsi i fondi necessari per investire in progetti maggiormente profittevoli, in quanto il costo delle risorse finanziarie alternative risulta essere oneroso e, in aggiunta, vi sono problemi di agenzia legati al debito o l'asimmetria informativa incide negativamente sull'attrattività della divisione.

Le imprese che optano per un sell-off sono connotate da una bassa performance finanziaria, o presentano un livello elevato di indebitamento. Inoltre, il prezzo delle azioni, in relazione all'annuncio del disinvestimento, è fortemente correlato in senso positivo all'uso del capitale generato dalla vendita. Infatti il ritorno è maggiore nei casi in cui i proventi sono utilizzati per ripagare il debito contratto dalla società, mentre la correlazione è negativa e non significativa se i guadagni rimangono all'interno dell'impresa.

Procurarsi i fondi necessari per progetti che presentano maggiori possibilità di sviluppo mediante un disinvestimento o alleggerire l'incidenza del debito sulle performance aziendali sono fattori che influenzano notevolmente l'azione dei manager. Le imprese caratterizzate da situazioni finanziarie tese sono motivate ad intraprendere operazioni, quali sell-off o equity carve-out, in grado di generare liquidità e ristabilire un corretto equilibrio nella composizione del capitale d'impresa.

Nello stesso ambito è utile richiamare la capacità, attraverso il disinvestimento, di creare due o più unità distinte ed indipendenti che, conseguentemente, sono in grado di accedere a differenti canali di credito e migliorando, ove fosse necessario, l'efficienza finanziaria.

Tale determinante deve essere valutata in relazione al trade-off tra una gestione accentrata del credito e la flessibilità finanziaria delle singole unità. In effetti uno dei principali vantaggi delle grandi imprese diversificate è la capacità di accedere a risorse monetarie a tassi di interesse più vantaggiosi rispetto a quelli proposti ad unità di dimensioni minori. Ciò nonostante, questo non pregiudica la possibilità di incontrare tensioni finanziare tra le divisioni interne della stessa compagnia, che compromettono il vantaggio sopra descritto.

Il nucleo centrale delle determinanti finanziarie è costituito dalla performance economica antecedente alle operazioni di divestiture e dallo sviluppo sucessivo dei risultati conseguiti dall'impresa madre.

L'esperienza demostra che una cattiva governance conduce l'impresa a raggiungere una dimensione eccessiva. Le acquisizioni, funzionali alla strategia di diversificazione, sono state finanziate con capitale esterno, che ha inciso notevolmente sul livello del debito delle imprese sovradimensionate.

Come in un circolo vizioso, l'overdiversification ha compromesso il potere di controllo dei manager, creato conflitti tra le diverse divisioni ed inciso negativamente sul livello di ricerca e sviluppo. Il risultato di questo processo si è espresso in una minore performance dell'impresa. Normalmente un alto livello di debito è correlato positivamente al grado di diversificazione dell'impresa e incide direttamente sull'intensità del disinvestimento. In altre parole le imprese maggiormente indebitate, con un'elevata leva finanziaria, sono più propense a disinvestire.

Esiste un rapporto diretto tra prestazioni e strategia. Seguendo tale logica i manager di imprese con una bassa performance relativa riconfigureranno il portafoglio delle attività attraverso operazioni di unbulding, cedendo asset meno profittevoli e ritenuti non-core.

Ciò che influenza maggiormente la performance negativa è la diversificazione eccessiva delle grandi imprese. Inoltre i risultati raggiunti dalle imprese risultano correlati positivamente alla performance del mercato. Ulteriori motivazioni di natura economica-finanziaria alla base di una scelta di disinvestimento sono i problemi di agenzia e l'asimmetria informativa.

Il disinvestimento è determinato dalla presenza di asimmetrie informative tra azienda e mercato. Quando i business soffrono di un elevato discount diversification, l'impresa è chiamata a disinvestire per assicurare una maggiore chiarezza rispetto i risultati positivi conseguibili dalla singola unità rispetto la performance totale della società e si espone all'attenzione di analisti finanziari.

Spesso, le unità che presentano elevati profitti e buone prospettive di sviluppo vengono penalizzate se poste all'interno di imprese conglomerate che non sono in grado di evidenziare il potenziale delle singole divisioni. La trasparenza richiesta dal mercato e la maggiore chiarezza informativa influisce positivamente sulla valorizzazione del business al quale viene riconosciuto il proprio valore intrinseco. Isolare la divisione aumenta la capacità di apprezzamento da parte degli investitori.

Uno degli obiettivi nel disinvestire è la massimizzazione del successo nell'operazione che viene influenzato dal conflitto esistente tra le parti coinvolte nella transazione. Il comportamento opportunistico del seller e la mancanza di informazioni per il buyer comportano una perdita di efficienza che si riflette negativamente nel prezzo della negoziazione.

I risultati della ricerca evidenziano come alcuni disinvestimenti non sono portati a termine a causa del mancato accordo tra le parti negozianti. Il principale fattore che incide sull'esito negativo è ravvisabile nell'asimmetria informativa che coinvolge il compratore e il venditore. Per prevenire il problema il venditore è chiamato a ridurre l'asimmetria informativa attraverso vari meccanismi. La qualità delle informazioni contenute nella due diligence e la fiducia (building trust) tra le parti sono i due fattori principali che influenzano il sell-off, mentre la credibilità del soggetto preposto all'annuncio non ricopre un ruolo significativo.

Il mercato risulta essere il migliore strumento di valutazione ed in grado di apprezzare pienamente il valore della singola unità sulla base delle performance da essa conseguite, indipendente, almeno formalmente, dai risultati della conglomerata. Il management comunica, attraverso il mercato, tutte le informazioni necessarie ad una valutazione corretta e oggettiva delle divisioni disinvestite.

In presenza di elementi, quali elevate performance dei singoli business e maggiore trasparenza del mercato, il disinvestimento risulta essere un efficiente strumento di valorizzazione che si riflette immediatamente nel prezzo dell'azione.

Infine, in relazione alla performance della singola unità di business, le motivazioni che conducono ad una scelta di disinvestimento posso essere principalmente due e diametralmente opposte. Il management può decidere di disinvestire unità che presentano performance positive e monetizzare il valore, generando la liquidità necessaria per investire in altri segmenti prodotto/mercato o in altri progetti. Diversamente le basse performance relative del singolo business compromettono la solidità finanziaria dell'impresa e pur non generando liquidità in maniera significativa, la vendita consente di liberare risorse poiché si elimina il fabbisogno di capitale assorbito dall'unità ceduta. In entrambi i casi le prospettive di crescita e sviluppo sono limitate.

In sintesi le determinanti del disinvestimento risultano essere molteplici e correlate tra di loro. La classificazione strategiche-finanziarie è più formale che significativa in quanto la strategia è influenzata da entrambi i fattori.
Ciò che è importante rimarcare è la attuale pluralità delle motivazioni che ha trasformato la scelta di disinvestire in una strategia lungimirante e di più ampio respiro, volta alla creazione di valore.

Capitolo IV

L'influenza delle istituzioni nelle scelte aziendali

L'impresa si muove all'interno di un certo contesto di riferimento, dal quale viene influenzata in maniera più o meno direta e il rapporto che intercorre tra l'azienda e l'ambiente incide profondamente sulle scelte strategiche aziendali, compreso il disinvestimento. Una strategia è influenzata da molteplici fattori ed aspetti, che vanno ad incidere non solo nella fase precedente, ma si ripercuotono anche durante l'implementazione della stessa. A grandi linee l'elaborazione strategica trae origine da condizione di carattere interno, come il modello organizzativo, il sistema di valori e gli obiettivi aziendali e da condizioni di carattere esterno come l'ambiente di riferimento, le azioni dei competitors e delle istituzioni.

Come sostenuto da Peng et al nel loro studio, nell'elaborazione di una strategia una particolare rilevanza deve essere affidata alle condizioni e ai cambiamenti istituzionali (Institution-based view).

Le istituzioni accanto ai fattori industriali (Industry-based view) e alle risorse a disposizione delle imprese (Resource-based view) sono fattori determinanti e di sostegno nel momento dell'elaborazione di una strategia. La Instituion-based view si fonda sull'interazione dinamica tra le istituzioni e le organizzazioni. La scelta strategica è il risultato di costrizioni formali e informali dettate dalle istituzioni, delle influenze provenienti dal contesto competitivo e dalle risorse e competenze a disposizione dell'impresa.

29

Un altro aspetto che merita interesse è la presenza di costrizioni informali, che, in mancanza di quelle formali, assumono un ruolo di notevole importanza. Infatti, le convinzioni, le credenze e principi diffusi guidano le azioni del management aziendale, riducendo il grado di incertezza e legittimando le scelte imprenditoriali.

Si é visto come negli anni '80 il mutamento strategico ha portato a riconfigurare le imprese attorno ai propri core business, passando da una strategia volta alla diversificazione conglomerata ad un processo di re-focusing attuato mediante disinvestimenti di asset estranei al corpo centrale delle attività primarie delle aziende.

Um esempio dell´influenza dell´ambiente istituzionale sulle decisioni strategiche delle imprese é offerto dagli Stati Uniti. Risale al 1880 dell'emanazione della la prima legge federale che andava a limitare il potere dei grandi gruppi industriali americani, sorti nel XIX secolo (Sharman Act). Tale legge si poneva lo scopo di contrastare le rendite monopolistiche che derivavano dall'unione e dagli accordi di società concorrenti, creando dei gruppi industriali di potere, che determinavano il prezzo a loro favore, riuscendo così ad assicurarsi un maggiore guadagno.

L'esempio più importante è il cosiddetto Standard Oil Trust, costituito nel 1882 da nove società petrolifere. La creazioni di posizioni commerciali dominanti, che non derivavano dal principio di una maggiore efficienza, contrastava la libertà di concorrenza ed incideva negativamente sul benessere del consumatore.

Successivamente la mancanza di una legislazione in merito alle fusioni ha provocato lo sviluppo della disciplina delle leggi antitrus. Nel 1914 fu emanato il Clayton Act, con lo scopo di prevenire la formazione di monopoli, attraverso fusioni ed acquisizioni non incentivate da un aumento di efficienza, ma finalizzate alla creazione di rendite monopolistiche.

La legge federale del 1914, inoltre, impediva la discriminazione del prezzo di vendita nel caso in cui veniva richiesta l'esclusività del rapporto. Nello stesso anno veniva costituita la Federal Trade Commission Act, l'autorità posta a garanzia e alla sorveglianza del mercato alla luce delle disposizioni previste dalle leggi antitrust.

E per completezza è doveroso richiamare il Robinson Pactman Act del 1936 che proibiva la discriminazione di prezzo per prodotti simili, contrastando così la posizione dominante dei grandi colossi industriali rispetto ai piccoli commercianti.

Nel 1950 la legge Celler Kefauver Act, esplicitamente impediva le fusioni ed acquisizioni di tutti i tipi. Infatti gli emendamenti precedenti si limitavano ad impedire operazioni di Mergers and Acquisition caratterizzate dallo scambio di azioni, tralasciando il fatto che il medesimo risultato poteva essere raggiunto mediante la cessione e lo scambio di asset aziendali.

In questo clima di intenso e crescente proliferare di leggi che impedivano la creazioni di monopoli, o comunque di grandi imprese caratterizzate da una posizione dominante, le scelte strategiche dei manager sono state fortemente influenzate ed in qualche modo limitate. In risposta ad un ambiente istituzionale poco favorevole, i manager hanno deciso di muovere il loro interesse verso una crescita esterna seguendo una traiettoria diversa rispetto gli anni precedenti.

Le leggi antitrust avevano eliminato la possibilità di espandersi orizzontalmente o verticalmente attraverso fusioni ed acquisizioni di imprese della medesima industria, ma non impedivano la nascita dell'impresa conglomerata. In effetti, la scelta delle grandi compagnie fu quella di continuare ad espandersi seguendo una strategia di diversificazione conglomerale.

31

Oltre all'incidenza delle costrizioni formali, rappresentate dalle leggi federali e dagli emendamenti, ocorre sottolineare l'importanza delle istituzioni informali nella guida delle decisioni manageriali. I corsi MBA (Master Business Administration), si affermano nel dopoguerra e i dirigenti che uscirono dalle scuole di management in America, favorirono la crescita delle compagnie multi-industriali, enfatizzando le loro competenze nella gestione contemporanea di business multipli, anche non correlati tra di loro.

Molte delle aziende si "conformarono alla moda" e decisero di intraprendere azioni volte alla costruzione di grandi imperi industriali, occupando i diversi settori dell'economia e seguendo una strategia che, fino agli anni '80 sembrava essere la più corretta, nonché l'unica perseguibile.

Ma oltre ai problemi derivanti dall'overdiversification, un importante mutamento nella politica americana segnò profondamente il passaggio da una diversificazione conglomerata ad un processo di re-focusing.

Nel 1981 Ronal Wilson Reagan fu eletto Presidente e di fronte ai problemi economici che si riflettevano in alti tassi di inflazione, nella crescita dei tassi di interesse e nell'aumento della disoccupazione, scelse subito una posizione netta e definita, a contrasto del precedente governo presieduto da J. Carter. Influenzato dal pensiero della Scuola di Chicago, Reagan scelse la linea del non intervento riguardo la possibilità di fusioni e acquisizioni, orizzontali e verticali, sminuendo il ruolo delle leggi antitrust sviluppate negli anni precedenti.

In aggiunta la ricerca dell'efficienza, segnata dall'influenza del pensiero di Ronald Coase in merito ai costi di transazione, riposizionò le scelte strategiche delle grandi imprese verso un processo di re-focusing attorno ai propri core business, segnando così il passaggio da una strategia di diversificazione conglomerata ad una strategia mirata rispetto ad uno specifico ramo industriale, attraverso meccanismi di portfolio restructuring.

Come è facile notare, le strategie delle imprese di un medesimo ramo industriale, in un arco temporale esteso rispetto al singolo esercizio, tendono a convergere verso direzioni univoche.

La strada perseguita dalle grandi compagnie americane, ma il discorso può essere esteso anche alle organizzazioni europee, tende a somigliarsi, configurando una sorta di best way da seguire che si evolve nel corso dei decenni. Il risultato di strategie simili porta le imprese di uno stesso tipo ad uniformarsi, comprendendo la scelta di processi produttivi e strutture organizzative che non si discostano eccessivamente tra di loro. Meyer J.W. e Rowan B. hanno definito tale concetto con il termine di isomorfismo. L'idea centrale del loro lavoro si basa sull'ipotesi secondo la quale le scelte aziendali non sono motivate da principi di razionalità interna, ma rispondono in maniera analoga ai differenti stimoli provenienti dall'ambiente esterno.

Quindi l'attenzione si sposta sulle pressioni che le istituzioni esercitano sulle organizzazioni e come queste rispondono al fine di legittimare la loro posizione. La criticità di queste scelte è la possibilità di una mancata efficienza, poiché le regole istituzionali costringono le imprese ad un determinato comportamento che non sempre risulta essere il migliore, ma l'unico possibile per poter essere riconosciute e giudicate positivamente dalle istituzioni stesse.

Gli autori definiscono tali regole e criteri, dei miti che assumono un significato ed un ruolo solo per il fatto di essere stati prodotti da un quadro istituzionale. In definitiva, l'organizzazione riflette la costruzione sociale esterna e si basa sull'interazione tra le due diverse entità.

Alcune organizzazioni non possiedono criteri propri di razionalità ed internalizzano le normative provenienti dall'esterno, a discapito di una maggiore efficienza, in altre situazioni, alcune compagnie possono riflettere all'esterno un comportamento accondiscendente rispetto le istituzioni e ricevere la legittimità delle loro azioni ma, contemporaneamente, celare diversi processi interni maggiormente performanti. L'articolo proposto da Meyer e Rowan, entra a far parte di una teoria organizzativa più ampia, definita neo-istituzionalismo, ripresa ed approfondita successivamente da diversi autori che vedevano nella relazione tra istituzioni ed organizzazioni l'essenza centrale della configurazione delle aziende.

Il cuore del paradigma neo-istituzionale è il condizionamento, imposto dall'ambiente esterno, nella configurazione delle organizzazioni e nella scelta delle strategie da attuare. La pressione esercitata dalle istituzioni condiziona pesantemente lo scopo principale di un'impresa, ossia quello di fare profitto. In tale contesto le azioni proposte dal management potrebbero perseguire finalità differenti, atte a compiacere le istituzioni per poter ricevere una legittimazione sociale.

Le opzioni strategiche sono limitate e si conformano attorno all'idea principale di adattamento dell'imprese con l'ambiente. Per poter sopravvivere le imprese si devono muovere verso una stessa direzione, seguendo linee guida che conducono le organizzazioni dello stesso tipo ad assomigliarsi tra di loro.

Gli autori individuano 3 tipi di isomorfismo istituzionale atti a spiegare la somiglianza tra le imprese:
- Isomorfismo coercitivo. L'impresa è costretta ad uniformarsi a pressioni formali ed informali provenienti dall'esterno. Il contesto istituzionale impone regolamentazioni e normative che incidono sulla configurazione delle imprese promuovendo una risposta convergente.

- Isomorfismo mimetico. Le aziende si inseguono tra di loro e adottano strategie uguali a quelle promosse dai concorrenti, in maniera da ridurre il rischio associato alle stesse.

- Isomorfismo normativo. Diversamente dall'accezione giuridica suscitata dal termine, per Di Maggio e Powell, con normativo si identificano tutte quelle raccomandazioni, suggerimenti e idee che ad un certo punto spingono le imprese a muoversi verso la stessa direzione. Un esempio è rappresentato dai dirigenti usciti dalle scuole MBA degli anni '50, che favorirono la crescita di imprese conglomerate.

L'evoluzione delle organizzazioni che, a partire dagli anni '80, ha segnato il passaggio dalla diversificazione conglomerata a processi di dismissione è stato approfondito anche da altri teorici che hanno sottolineato il ruolo della politica economica americana quale fattore trainante del mutamento.

Davis et al evidenziano le azioni governative, il ruolo delle imprese di consulenza, le teorie dell'efficienza organizzativa e la tendenza delle organizzazioni ad imitarsi, quali elementi che hanno inciso sull'espansione delle imprese diversificate (firm-as-portfolio model). La strategia seguita è stata modellata dalle istituzioni e non si è materializzata in termini di elevato profitto, come suggerisce la logica del mercato.

Con le elezioni del 1980 che portarono Reagan alla Casa Bianca, le politiche antitrust si ammorbidirono. Precisamente le fusioni e le acquisizioni orizzontali tra imprese del medesimo ramo industriale venivano valutate diversamente rispetto agli anni precedenti, non considerando anti competitivi i colossi industriali solo sulla base di una o più operazioni di M&A.

Nel lavoro degli autori, il processo di deistituzionalizzazione che ha investito l'impresa diversificata è andato oltre, incidendo profondamente sul valore dell'impresa come entità sociale, che si è svuotata del suo ruolo principale ed attivo, finendo per essere governata da organismi esterni di controllo.

Una conclusione cosi forte è stata fortemente influenzata e supportata dal crescente utilizzo dei bust-up takeover, come mezzo speculativo, che hanno svalutato l'importanza ed il valore che merita l'organizzazione impresa.

Secondo l'autore Scott le istituzioni sono un insieme composto da elementi regolativi, normativi e culturali atti a produrre senso, stabilità ed ordine. Le imprese agiscono sotto l'influenza delle pressioni esercitate dalle istituzioni e si riflettono in scelte strategiche non finalizzate alla mera massimizzazione del profitto, ma al fine di ricercare un sostegno e una legittimazione dall'ambiente esterno.

Il disinvestimento, come strategia volta alla creazione di valore, viene influenzato dal contesto ambientale di riferimento. In particolare Scott analizza l'influenza sulle operazioni di divestiture di tre istituzioni: regolative, normativa e culturali-cognitive.

La presenza di istituzioni regolative può incidere profondamente sull'utilizzo del mercato dei capitali, come strumento efficiente di valutazione dell'operato del management. Non sempre si può ricorrere al disinvestimento per ripristinare l'efficienza. L'obiettivo della creazione di valore di valore per l'azionista attraverso il disinvestimento incontra delle difficoltà in due specifici casi.

Regole, sanzioni e meccanismi di sorveglianza possono essere posti a tutela degli azionisti di minoranza in contrasto con gli interessi degli azionisti di maggioranza e del management che incentivano l'utilizzo delle operazioni di restructuring.

Inoltre la pressione di istituzioni formali come i sindacati, può incidere profondamente nelle scelte strategiche delle imprese, condizionando il valore creato per gli azionisti ed i loro interessi. Le istituzioni normative sono delle obbligazioni sociali che vincolano il comportamento dell'impresa sulla base di valori condivisi, in grado di legittimare e promuovere le organizzazioni in determinati contesti.

Il concetto sottointeso è la responsabilità sociale dell'impresa (corporate social responsibility), definita, per esempio, dalla Commissione Europea come "La responsabilità delle imprese per il loro impatto sulla società". In tale ambito viene esaltata la funzione etica e morale nel promuovere azioni, attuare provvedimenti e mantenere determinati comportamenti affini al carattere della società di cui si è parte. I risultati vengono valutati non in termini di efficienza e performance, ma si basano sulla legittimazione normativa dell'ambiente di riferimento.

Come sottolineato da Ritchie e Dowlatabadi, un crescente numero di compagnie si è preoccupato di rimuovere i fondi di investimento a favore di quelle organizzazioni responsabili di un elevato livello di emissione di carbone, attraverso processi di disinvestimento volti a muovere i fondi verso altri settori.In ultimo le istituzioni cognitive e culturali si sviluppano attorno alla presenza di conoscenze e credenze condivise. Il comportamento dell'impresa è influenzato dalla percezione della propria identità e dalle logiche dominanti di azioni.

Nel primo caso la compagnia ricorre al disinvestimento per rimodulare il proprio perimetro di azione nei settori riconosciuti per ricevere una valutazione corretta da parte degli analisti e non esporsi allo sconto da diversificazione. Per quanto riguarda la logica dominante di azioni, il mutamento strategico intervenuto nelle grandi compagnie a cavallo del 1980, che ha inciso sul passaggio da una strategia di diversificazione a disinvestimento esplica perfettamente il concetto.

Si è modificata la concettualizzazione dei confini aziendali sulla base di schemi cognitivi condivisi e, di conseguenza, le azioni strategiche hanno rispecchiato tale cambiamento. L'approccio neo-istituzionale quindi suggerisce che il cambiamento strategico ed evolutivo proviene esclusivamente da fattori esterni, svuotando in un certo senso il ruolo dell'attività imprenditoriale.

Capitolo V

Scelte e creazione di valore per gli azionisti

I fattori che determinano il disinvestimento possono essere categorizzati in tre grandi macro classi correlate tra di loro.
La prima riguarda i fattori strategici e la riconfigurazione delle risorse e competenze, qualificate in base al loro valore, incentiva la rimodulazione del perimetro aziendale e si finalizza al raggiungimento del vantaggio competitivo attraverso la creazione di valore.
La seconda è quello finanziaria e deriva dall'efficienza del mercato dei capitali, precisamente nella capacità di sviluppare relazioni rispetto al trade-off mercato-crescita interna. L'impresa segue la logica di una migliore efficienza.

L'ultima é quella istituzionale cioé il comportamento delle imprese, che ricondocono la scelta del disinvestimento sulla base di istituzioni normative, regolative e cognitive.

La scelta del desinvestimento, considerando i fattori sopra esposti puó quindi essere motivata da una visione di lungo termine ed avere un ruolo propulsivo nella strategia di crescita dell'azienda (scelta proattiva) o, diversamente, sia guidata da fattori esterni e sia, in una certa misura obbligata, finalizzata alla riduzione di perdite piuttosto che alla creazione di nuovo valore (scelta reattiva).
In quanto, in entrambi i casi il disinvestimento è influenzato dalla natura dei cambiamenti ambientali ma, nel primo caso l'azione dell'impresa è razionale e consapevole mentre, nel secondo si tratta di una reazione più naturale.

Il disinvestimento strategico sulla base delle risorse e competenze a disposizione dell'impresa ha una natura proattiva. Infatti il management sviluppa una strategia di crescita rimodulando le risorse attorno alle attività core in maniera consapevole e responsabile. Una diversa configurazione di risorse promuove lo sviluppo e non si manifesta solo in situazioni di crisi. Per sempio nell'ottica del franchising viene promossa la crescita dell'azienda madre attraverso un riposizionamento verso un numero più limitato di attività chiavi e si favorisce anche lo sviluppo della ex sussidiaria, dotata di maggiore autonomia. Il disinvestimento crea un network di relazioni finalizzato alla creazione di valore e non si produce in un processo di ridimensionamento attuato per problemi economici e finanziari.

Le operazioni di fusione ed acquisizione normalmente cavalcano l'onda dei boom economici, pur non riportando, nella maggior parte dei casi, performance soddisfacenti mentre, nei periodi di recessione il disinvestimento risulta essere la strategia maggiormente perseguita. Jeff Stibel nel enfatizzare il ruolo del disinvestimento in periodi di recessione afferma che le aziende dovrebbero pensare maggiormente alle proprie competenze di base e a quello che fanno meglio di chiunque altro e basare la loro strategia su queste risorse, a discapito dei fattori di mercato ed ambientali.

Diversamente, il disinvestimento alla ricerca dell'efficienza viene maggiormente influenzato da fattori esterni e può essere considerato una scelta reattiva. Come evidenziato da Montgomery e Thomas le imprese che disvestono, nella maggior parte dei casi presentano performance inferiori rispetto ai propri concorrenti. Il disinvestimento è una logica conseguenza naturale, incentivata dal recupero di risultati soddisfacenti. In ultimo, le istituzioni, il contesto ambientale e i fattori esterni incidono ed influenzano le scelte strategiche delle imprese.

È la risposta a queste forme di pressione ad essere giudicata proattiva o reattiva. Mentre l'approccio neo-istituzionalista suggerisce che la configurazione delle imprese dipende esclusivamente dall'ambiente di riferimento, l'analisi qua proposta distingue le scelte a disposizione del management aziendale in proattive e reattive.

Per quanto riguarda i principali obiettivi che si vogliono acquisire attraverso una corporate strategy é bene ricordare che ciò che muove una strategia è la combinazione di fattori causali che spingono verso una direzione e aspettative che portano l'impresa a migliorare la propria posizione. L'obiettivo principale, comune a tutte le strategie, è la creazione di valore attraverso l'attività del management.

La teoria della creazione di valore per l'azionista (shareholder value), è l'approccio più comunemente accettato e sostenuto dalla letteratura economica e manageriale. Questa impostazione prevede che le scelte strategiche siano mosse con il fine ultimo di massimizzare il valore economico del capitale di rischio. Creare valore per l'azionista significa creare valore per l'azienda.

É opportuna un'analisi approfondita della suddetta teoria, per meglio comprendere la relazione tra il disinvestimento e la creazione di valore per gli azionisti, dimostrata empiricamente da numerosi studi.

La valutazione di un piano strategico, secondo l'approccio accounting-oriented, cioé scelte valutate attraverso parametri contabili (accounting performance), ad esempio la previsione futura degli utili per azione (earning per share), non consente di stabilire se la corporate strategy è in grado di creare valore per gli azionisti e in quale misura. Inoltre l'analisi è complessiva e non distingue quali unità (strategic business unit) creano valore e quali no, ne permette un confronto tra più alternative strategiche.

Differentemente, il metodo del discounted cash flow, che misura il valore creato per l'azionista attraverso la strategia, può essere applicato non solo a livello di singolo investimento o progetto, ma a livello di corporate strategy, all'interno di piani strategici di lungo periodo che comprendono acquisizioni e fusioni, ma anche disinvestimenti, alimentando la connessione tra valore per l'azionista, performance della singola unità e performance totale.

La creazione di valore si contrappone alla massimizzazione del profitto, poiché si tiene conto della distribuzione temporale dei diversi risultati economici, oltre che al rischio associato ad essi.

L'obiettivo della creazione del valore, rispetto ad altre finalità perseguibili dall'impresa, risulta essere preferito per differenti ragioni: è necessario che il management si concentri su piani di lungo período; Il rendimento atteso dei singoli progetti viene confrontato con il costo opportunità del capitale; La misurazione è agevole se l'impresa è quotata. Il prezzo racchiude in se tutte le informazioni necessarie; Il diritto in capo agli azionisti è residuale, quindi viene assicurato il soddisfacimento degli altri portatori di interessi.

Questa impostazione, cosi come l'approccio shareholder value si basa sull'assunzione che il mercato sia efficiente. La capitalizzazione di borsa dell'impresa (prezzo delle azioni per il relativo numero) incorpora tutte le informazioni disponibili e si configura così, come strumento di misurazione da cui dipende l'esito della strategia.

Il metodo del valore azionario per la valutazione di una strategia, si compone di differenti passaggi e procedimenti da seguire per misurare il valore creato dalla strategia seguendo l'approccio shareholder value added. Il valore di mercato del capitale proprio, il valore azionario, è dato dalla differenza tra il valore di mercato delle attività e il valore di mercato dei debiti.

La somma delle attività operative (Enterprise value), i titoli finanziari e la liquidità rappresenta il valore societario. Il valore delle attività operativa è la somma di due componenti: il valore attuale dei flussi di cassa entro l'orizzonte di previsione del piano e il valore residuo.

Per arrivare al valore azionario si dovrà sottrarre al valore societario la posizione finanziaria netta, ossia la differenza tra i debiti finanziaria e la liquidità dell'impresa. La differenza tra il valore azionario finale e quello iniziale costituirà il valore generato dalla strategia.

Una volta analizzata la valutazione della strategia a livello di ipotesi costruite dal management ci spostiamo in direzione del mercato. Il prezzo delle azioni, nell'ipotesi di mercato efficiente, è in grado di riassumere e trasmettere attraverso un unico indicatore tutte le informazioni disponibili riguardo l'azienda e le alterazioni che precedono e seguono le scelte strategiche riflettono la valutazione che viene data dal mercato alla bontà dell'operazione.

La teoria basata sul prezzo delle azioni consente di interpretare le aspettative del mercato e muovere le strategie aziendali in quella direzione. Lo stock price non rappresenta solo il prezzo attuale dell'azione, ma ingloba le aspettative di crescita, o meno, di più anni, come enfatizzato dalle forti oscillazioni che seguono l'annuncio di nuove strategie di durata superiore al singolo esercizio. Il management è chiamato a confrontare le proprie aspettative con la risposta che viene offerta dal mercato e modificare, di conseguenza, le proprie posizioni.

In definitiva la teoria della creazione di valore per gli azionisti riflette l'importanza dei segnali inviati dal mercato in base alle aspettative e si sostanzia nel prezzo dell'azione come indicatore ultimo e maggiormente veritiero rispetto diverse procedure di analisi.

Il mercato raccoglie le informazioni provenienti dall'azienda attraverso report, pubblicazioni, bilanci, annunci e quant'altro formalizzando il risultato della sua valutazione nello stock price. Il management è chiamato a sviluppare una corporate strategy in grado di creare valore per gli azionisti. L'intermediario posto alla misurazione di questo valore è il mercato.

Il metodo di studio da prendere in considerazione in questa analisi è l'event study, collegato al CAR (Cumulative Abnormal Return), come misuratore in termini di performance delle operazioni di disinvestimento. L'obiettivo dell'event study è valutare l'impatto dell'annuncio del disinvestimento sul valore dell'impresa, misurato dall'oscillazione del prezzo delle azioni. Il rendimento anomalo è la differenza tra il rendimento effettivo e quello previsto. Calcolando i rendimenti anomali in una determinato intervallo di tempo (event window), posto attorno all'evento, in questo caso l'annuncio di un'operazione di divestiture, sommandoli, si ottiene il CAR.

Se il prezzo delle azioni sale in corrispondenza dall'annuncio nei termini della creazione di valore per i soci abbiamo la conferma che le strategie a livello corporate perseguono il fine di migliorare il benessere dei propri soci, miglioramento che si riflette direttamente sul prezzo delle azioni tramite il meccanismo imposto da un mercato efficiente.

Capitolo VI

Barriere al disinvestimento

Fu Michael E. Porter professore della Harvard Business School a introdurre nel 1976 il concetto di barriere all'uscita, nell'ambito dei processi di disinvestimento che iniziavano a configurarsi nel contesto statunitense, andando a motivare le difficoltà riscontrate dalle aziende nel configurare tali tipi di operazioni.

Secondo l'autore esistono una serie di barriere all'uscita rispetto alla decisione di disinvestire, che compromettono l'operazione e si traducono in un'attesa, che può risultare indeterminata. Queste barriere sono divise in strutturali o economiche, strategiche e manageriali.

I manager aziendali devono essere a conoscenza di queste barriere per poter muoversi in maniera consapevole nella gestione strategica delle imprese, promuovendo azioni per la creazione di valore, che, come abbiamo potuto constatare, può essere costruito attorno ad un disinvestimento strategico.

L'individuazione delle barriere all'uscita è una naturale conseguenza dell'accezione negativa associata al termine disinvestimento, ma la loro definizione non vuole scoraggiarne l'utilizzo, anzi, deve essere inserito nell'ottica di un approfondimento del tema.Le barriere di uscita strutturali sono relative alle caratteristiche degli elementi costitutivi dell'impresa che, data la loro natura fissa, compromettono ed influenzano l'azione strategica della stessa.

Tali barriere scontano il valore creato attraverso un disinvestimento poiché riguardano tutte quelle attività immutabili e difficilmente riqualificabili, che si traducono in un costo continuo e permanente alla decisione di cessione, senza alcun valore positivo, prodotto da queste stesse attività, che possa andare a compensare, anche se solo in parte, il prezzo sostenuto per la loro acquisizione precedente.

Nell'analisi di questi fattori dobbiamo comprendere sia i beni materiali che quelli immateriali in possesso dell'impresa, con un'attenzione particolare al personale occupato in azienda che, in base al profilo, può diventare una barriera all'uscita.

Le caratteristiche distintive delle risorse che possono creare questo tipo di barriere sono la specificità e la durabilità. In base a questi aspetti l'impresa ed il management aziendale si mostrerà riluttante alla decisione di disinvestire business, anche se questi presentano performance non positive. In un senso strettamente economico, l'uscita da un business diventa conveniente solo se questa produce un ritorno positivo che può essere sfruttato altrove, così come gli asset occupati in precedenza.

La specificità di determinati elementi ne compromettono un utilizzo diverso e vanno ad inficiare su un'eventuale riconversione industriale. Inoltre, un attività specifica rischia di non poter essere rivenduta ,poiché il suo utilizzo è circoscritto e il numero di eventuali compratori sarà limitato e difficile da raggiungere per poter ricavarne un qualche profitto.

Dal punto di vista della durabilità un asset che presenta un ciclo di vita pluriennale richiederà molto tempo per recuperare il costo sostenuto attraverso l'ammortamento. L'azienda sarà poco propensa a cedere una risorsa che contestualmente alla sua durabilità ha richiesto un ingente investimento.

Soprattutto in un contesto dinamico come quello del XXI secolo le imprese sono chiamate ad effettuare attente valutazioni in un'ottica di flessibilità strategica, favorendo lo sviluppo di network reticolari e relazionali, piuttosto che integrarsi con forme e strutture fisse che non consentono ampi margini di manovra.

L'assunzione di personale è un investimento che presenta le caratteristiche di durabilità e specificità. In quest'ottica si rende quindi necessaria una riflessione sulle capacità e competenze richieste ai nuovi dipendenti, i quali si devono integrare in questo conteso dinamico, adattandosi e mantenendo un'apertura mentale, unita ad una spiccata motivazione ad un lavoro in evoluzione. A questo punto non dobbiamo solo richiamare la volontà proattiva e lo spirito intraprendente della nuova forza lavoro, ma qualche spunto di riflessione può essere suggerito anche alle imprese.

In tema di disinvestimento delle sussidiarie Song afferma che uno dei principali vantaggi delle multinazionali è la capacità di sopperire a situazioni di crisi rimodulando la propria value chain attraverso una maggiore flessibilità del mercato interno.

Dall'analisi del contesto coreano è risultata una propensione minore al disinvestimento quando, pur aumentando il costo del lavoro, le sussidiarie si muovevano dentro un reticolo di relazioni organizzato dall'impresa madre, continuando quindi ad operare evitando cessioni e successivi licenziamenti di forza lavoro.

I principali fattori strutturali che influenzano il disinvestimento sono tre e riguardano la struttura proprietaria, le caratteristiche dell'unità venduta e l'inerzia organizzativa. Tutte e tre le dimensioni si muovono nelle ipotesi suggerite dalla teoria dell'agenzia, che andiamo così a comprendere nella sua logica.

Il punto di partenza per indagare sul come la composizione della struttura proprietaria possa influenzare la decisione di corporate restructuring è il mutamento, a cavallo degli anni '80, da una strategia di diversificazione conglomerata ad un processo di re-focusing, attraverso il disinvestimento e sulla base del rapporto azionisti/manager. Alla base della teoria dell'agenzia vi è un disallineamento di interessi tra i proprietari dell'impresa e i manager.

Secondo tale impostazione il problema di overdiversification si basa sugli obiettivi conseguiti dagli amministratori che si muovono in questa direzione poiché la loro ricchezza ed il loro benessere si basano sulla crescita dimensionale, pregiudicando l'obiettivo di massimizzazione del valore dell'impresa.

Gli studi fatti da diversi economisti mostrano l'influenza del blockholder per le decisioni relative a ristrutturazioni finanziarie e di portafoglio. Secondo la teoria dell'agenzia il processo di ristrutturazione avviato a partire dal 1980 è posto a correzione di errori passati commessi dai manager a discapito del benessere degli azionisti.

I risultati delle ricerche dimostrano come, in presenza di una struttura proprietaria concentrata, dove l'azionista o gli azionisti di maggioranza detengono un controllo stabile e possono, di conseguenza, influenzare i processi decisionali, l'impresa sarà più propensa a disinvestire.

I manager sono riluttanti a ristrutturazioni che si riflettono negativamente in una minor dimensione dell'impresa, ma la presenza di un blockholder gioca un ruolo fondamentale, spingendo verso una o l'altra direzione.

47

Anche se studi piú recenti, che misurano la performance delle operazioni di disinvestimento in relazione alla composizione della struttura proprietária, dimostrano che se anche la presenza di un azionista dominante incentiva i processi di ristrutturazione, influenzando le scelte manageriali, i rendimenti registrati dalle imprese con socio che detiene una quota superiore al 50% sono meno positivi rispetto al socio che mantiene un controllo tra il 20% ed il 50%.

Quando sono i manager ad avere maggior potere, poiché il controllo risulta frammentato, vengono preferiti sell-off di grandi unità e correlate tra di loro, perseguendo una strategia di crescita conglomerata. Viceversa, quando sono i proprietari ad influenzare le scelte strategiche (blockholder), i sell-off riguardano unità non correlate e di dimensioni ridotte, perseguendo finalità cooperative che si basano sulla condivisione di sinergie.

Secondo questa logica i manager preferiscono vendere unità di grandi dimensioni per proteggersi da scalate ostili e mantenere così la loro posizione, rendendo meno appetibile l'impresa.

L'inerzia organizativa é altra fonte di barriere strutturali di uscita e influenzata principalmente dal ruolo del manager nella valutazione delle proprie strategie e dalla miopia che accompagna gli amministratori una volta definita ed implementata una guida d'azione.

Le principali cause dell'inerzia organizzativa, influenzata da strategie precedenti di fusioni e acquisizioni, conforme lo studio di Shimizu e Hitt, sono tre: Il top management si concentra sul successo delle strategie di acquisizione, assumendo il valore positivo come dato ed ignorando eventuali segnali negativi, mostrando sintomi di tracotanza; Precedenti strategie di M&A comportano ingenti investimenti, generando costi sommersi, difficilmente recuperabili che costringono l'impresa a continuare in un'unica direzione, ormai intrapresa, simile ad una strada senza uscita; L'attenzione viene posta sui processi di integrazione e l'intento è quello di promuovere il successo dell'acquisizione. Ipotesi di disinvestimento difficilmente vengono considerate.

Seguendo strategie precedenti si vengono a conformare accettazioni attorno ad impegni già assunti che producono inerzia cognitiva e strutturale, sulla base di routine e meccanismi conosciuti che non vengono posti in discussione.

Il management aziendale si trova limitato nelle scelte e la sua visuale viene oscurata dai precedenti programmi di azione, impedendo strategie di uscita da business non profittevoli attraverso il disinvestimento.

Aziende vecchie e di grandi dimensioni sono meno propense a disinvestire business che presentano scarsi risultati, così come acquisizioni precedenti di unità relativamente più grandi.

In conclusione possiamo affermare che l'età e la dimensione dell'impresa e dell'unità sono fattori che influenzano negativamente il disinvestimento poiché si traducono in un'inerzia organizzativa che impedisce di prendere decisioni volte alla creazione di valore e si evidenzia in forme di stagnazione.

Le barriere di uscita strategiche riguardano il grado di correlazione tra i business e la loro rilevanza strategica, in relazione alla composizione del portafoglio attività dell'impresa.

Sulla base della configurazione di queste due determinanti il manager aziendale sarà meno propenso a disinvestire unità, anche se poco performanti, rilevanti dal punto di vista strategico. Sempre Potter afferma che l'interdipendenza dei business rappresenta la principale barriera all'uscita.

Anche se una divisione presenta margini di guadagno ristretti, questa è comunque inclusa in un network aziendale, costituito da relazioni, che favoriscono la diffusione di risorse ed informazioni, sviluppando sinergie che incidono positivamente sulla riduzione di costi totali.

Accanto alla logica di creazione di valore attraverso il disinvestimento, si prendono in considerazione le conseguenze negative che derivano dall'abbandono di un business a livello finanziario, giustificando la permanenza in un settore o in un'attività come la scelta meno peggiore, piuttosto che la soluzione migliore.

Come sottolineato da Duhaime e Grant la decisione di disinvestire riguarda unità poco interdipendenti. Sulla base della loro ricerca le divisioni che condividono tecnologie, strutture, clienti, canali di vendita e che si trovano all'interno del medesimo mercato interno difficilmente sono oggetto di disinvestimento, indipendentemente dal loro valore econômico.

Come deterrenti alla decisione di disinvestire vi sono altri fattori che si concentrano sulla relazione tra le divisioni e sulle aspettative e le risorse impegnate in quella particolare attività.

Tali barriere riguardano la condivisione di strutture, impegni finanziari in attività promozionali, le perdite già conseguite, le aspettative di crescita, soprattutto in relazione ad una particolare nicchia di mercato e barriere generate dagli investimenti in tecnologia e sviluppo.

È utile ribadire in questo contesto come, uno dei principali vantaggi di uno spin-off o di un equity carve-out, è la capacità della parent di mantenere una relazione proficua con l'unità disinvestita.

Non è sempre detto che i processi di ristrutturazione aziendale coinvolgono in maniera definitiva i contatti tra le sussidiarie, anzi, la flessibilità organizzativa offerta da questo tipo di scelta strategica deve essere attentamente analizzata e presa in considerazione dai dirigenti aziendali.

Accanto all'importanza delle interrelazioni tra i business é da sottolineare il ruolo strategico dell'unità come fattore che influenza il disinvestimento (correlazione negativa).

Maggiore sarà il rilievo strategico del business nel portafoglio delle attività dell'azienda, minore sarà la propensione del management a disinvestire quell'unità. Sulla base di queste considerazioni, si possono individuare tre principali deterrenti che influenzano il disinvestimento quando è alto il rilievo strategico della divisione.

Il fattore di maggiore influenza è il potere contrattuale nei confronti del cliente, che si collega alla posizione del brand e del prodotto nell'immaginario comune. La fedeltà del consumatore potrebbe venir meno con una cessione e si potrebbe ripercuotere negativamente anche in altri segmenti prodotto/mercato in cui l'impresa opera. Oltre alla forza contrattuale sviluppata negli anni, un importante aspetto che viene preso in considerazione e che limita i processi di ristrutturazione mediante cessione, è la reputazione acquisita attraverso precedenti investimenti che connotano l'elevata qualità del prodotto.

In queste situazioni i dirigenti aziendali oltre ad aumentare il valore delle sinergie prodotte dalle relazioni tra le unità esaltano la qualità delle singole divisioni nell'ottica dei consumatori, promuovendo azioni di breve periodo, dispendiose e poco profittevoli per l'impresa. Continuare a coprire una nicchia di mercato che non presenta margini equi non risponde certamente alle finalità di creazione di valore per l'impresa.

51

L'impresa si deve muovere in un'ottica dinamica ed evolutiva, senza "perdere tempo" in mercati poco profittevoli o peggio ancora, con bassi margini di crescita. Saper disinvestire significa anche saper investire, muovendo il cliente verso direzioni più congeniali all'attività d'impresa.

La rilevanza strategica non deve spingersi verso una barriera strutturale ma si può conformare attorno alla flessibilità richiesta dai mutamenti del mercato poiché le posizioni di vantaggio acquisite, seppur con notevoli sforzi economici e manageriali, non durano a lungo e hanno bisogno di essere mantenute con programmi di azioni decisi e lungimiranti.

Le barriere manageriali riguardano il ruolo dei dirigenti dell'azienda, nella loro relazione con l'impresa e con i proprietari della società, attraverso i processi decisionali. Sulla base di questa definizione il disinvestimento viene influenzato negativamente dalla propensione dei manager a perseguire strategie che non includono l'uscita da business poco profittevoli, compromettendo il fine della creazione di valore. Sempre secondo Porter i fattori determinanti di questo tipo di barriere sono il grado di asimmetria informativa e gli obiettivi confliggenti tra manager e l'impresa.

In una grande impresa diversificata risulta difficile conoscere nel dettaglio i dati contabili suddivisi per ogni centro di profitto. Di conseguenza i manager si trovano in difficoltà nel determinare eventuali perdite causate da una singola divisione, che incide negativamente sulla performance dell'intero gruppo aziendale.

Altre volte questa cecità è voluta, poiché si cercano di nascondere i risultati negativi di un business suddividendo le perdite in più attività, senza intaccare l'immagine aziendale. Una struttura verticale e business correlati sono alcuni dei fattori che influenzano negativamente la possibilità di raccogliere informazioni separate per ogni centro di imputazione.

È arbitrario suddividere la reddittività per singoli centri che concorrono ad un unico risultato, anche sulla base del mercato interno, poiché esistono degli accordi volti alla massimizzazione del profitto globale dell'azienda e non dipendono dalla struttura dei costi interna ad una singola sussidiaria.

Accanto ai dati finanziari, per una corretta valutazione delle unità, i manager devono considerare quei razionali strategici che connotano un particolare business per poter intraprendere decisioni coerenti. In definitiva, la difficoltà di raggiungere informazioni finanziarie e strategiche, non rilevano perdite imputabili a singole divisioni e quindi il management non prende in considerazione il disinvestimento come rimedio, poiché non conosce o non vuole conoscere.

Seguendo il filone logico delle asimmetrie informative, i manager, nella scelta dei business da disinvestire sono fortemente influenzati dalla familiarità e quindi dalle informazioni che detengono su un preciso settore rispetto ad un altro. Il dirigente aziendale è più propenso a disinvestire segmenti poco conosciuti, rispetto a quelli con cui risulta più familiare.

Esperienze passate in particolari business condizionano la valutazione della miglior strategia da seguire. Questa familiarità si esplica in una maggiore conoscenza del business interessato, scontando il problema delle asimmetrie informative.

Inoltre l'amministratore delegato, se proviene da quel medesimo settore, è in grado di meglio comprendere le esigenze di una divisione, riuscendo a condividere le esperienze con i middle manager e facendosi coinvolgere emotivamente.

L´altro fattore riguarda gli obiettivi confliggenti tra i manager ed i principi di efficienza economica seguiti dall'impresa. Porter individua le fonti che generano una conflittualità di obiettivi, distinguendo tra imprese monobusiness e società multibusiness. Nel primo caso un uscita incide profondamente, in maniera negativa, sull'orgoglio di un manager e sulle sue competenze professionali, recide l'identificazione con uno specifico business e viene vista come

un segno di fallimento, pregiudicando la carriera manageriale. Ancora, il disinvestimento risulta in contrasto con obiettivi sociali riguardanti il personale e gli incentivi economici dei dirigenti si sviluppano nella direzione opposta alle ristrutturazioni.

Nel caso di imprese multibusiness l'uscita da un mercato può essere vista dall'esterno come il risultato di una cattiva gestione o segnare una mancanza di fiducia verso i manager sottoposti o ancora, come nel caso di imprese monobusiness, può essere un duro colpo per l'orgoglio dei manager. Inoltre, la familiarità del top manager verso un particolare segmento e la sopravvalutazione delle sinergie tra le divisioni crea barriere all'uscita, dato che non si perseguono obiettivi di efficienza economica.

In ultimo la pressione per l'aumento delle vendite muove specifiche barriere contro il disinvestimento, a discapito di una strategia di lungo periodo.Il fattore comune è l'accezione negativa che connota l'istituto del disinvestimento nell'ottica dei manager, eppure, le conseguenze riguardo la loro remunerazione sembrano stridere con questa connotazione.

Diversamente da quanto si può pensare in merito alla remunerazione dei manager, incentivati a sovradimensionare la struttura delle imprese, allargando il confine delle attività, i processi di dismissione non contribuiscono negativamente al loro salario.

Le barriere manageriali si fondano sull'aspetto negativo che viene imputato al termine e viene a costituirsi una barriera psicologica, basata sull'ammissione di precedenti errori manageriali e sull'eventuale coinvolgimento familiare nella decisione.

Mentre i progetti di fusione e di acquisizione sono accompagnati dall'entusiasmo generale, il disinvestimento lascia spazio all'idea di un fallimento come conseguenza di precedenti errori manageriali. Per questa motivazione, i dirigenti, con reticenza ricorrono a meccanismi di exit poiché, nell'immaginario comune, è un ritorno sui propri passi ed un'ammissione delle proprie responsabilità.

La principale difficoltà incontrata nei processi di disinvestimento, è la mancata considerazione che vede nelle operazioni di ristrutturazione di portafoglio un mezzo di creazione di valore, come scelta finalizzata al benessere dell'impresa in un ciclo dinamico che vede nel moto continuo non una condizione necessaria di sopravvivenza ma una condizione per poter progredire verso nuovi obiettivi maggiormente profittevoli.

Il valore negativo che accompagna il termine disinvestimento non viene espresso solo nell'immaginario esterno ma pervade l'intera organizzazione al suo interno. In questo contesto è fondamentale il ruolo del division manager o middle manager.

Una ricerca di Nees evidenzia come il successo del disinvestimento dipende in misura rilevante dall'interazione tra il top manager e i manager della divisione, oggetto di ristrutturazione, favorendo lo scambio continuo di informazioni e privilegiando un ruolo proattivo dei dirigenti di unità, poiché, parte del risultato dipende dal loro impegno, fortemente influenzato dalla natura che viene affidata al disinvestimento.

Una forte barriera psicologica è, ancora una volta, l'attaccamento familiare ed emotivo che impedisce una valutazione ponderata delle decisioni. Cultura comunitaria e struttura familiare costituiscono elementi che influenzano le decisioni di disinvestimento, ponendo a contrasto obiettivi economici e di efficienza con barriere emozionali.

Più che per ragioni economiche, il mantenimento di una struttura aziendale è sollecitata dall'identificazione della famiglia con il complesso imprenditoriale.

L'attaccamento emotivo e le frizioni sociali impediscono di destrutturare l'attività che si è configurata attorno allo sforzo comune dei componenti della famiglia in più decenni.

Oltre alla struttura familiare, il secondo fattore di influenza psicologica è rappresentato dalla cultura, che puó essere definita come quella impostazione mentale che distingue il membro di un gruppo o categoria di persone da un altro.

Sulla base di questi due fattori si possono delineare le linee guida che caratterizzano il comportamento della famiglia: ineguaglianza/eguaglianza e autorità/libertà.

L'influenza culturale esercitata dal contesto in cui opera l'impresa e la relazione che si instaura tra le generazioni, sulla base di credenze condivise, condizionano la scelta di disinvestire. Le famiglie autoritarie con principi di uguaglianza ritardano i processi di ristrutturazione e pregiudicando la performance positiva che può essere conseguita attraverso operazioni di cessione.

All´inizio del capitolo si é detto che la teoria dell´agenzia suggerisce il campo di azione dei principali fattori strutturali che influenzano il desinvestimento. L'assunto alla base dei problemi di agenzia è la divergenza di interessi tra principal ed agent, anche se quest'ultimo agisce per conto del primo, poiché ogni individuo si muove nella direzione di massimizzare la propria utilità.

È proprio nell'ambito delle barriere manageriali che si erige quel muro che caratterizza la relazione tra manager ed azionisti, in rapporto ai processi decisionali che caratterizzano l'attività d'impresa.L'antecedente ai conflitti di agenzia segnati dal disallineamento di obiettivi tra azionisti (principal) e manager (agent) risale agli anni '20.

Nella grandi imprese statunitensi, nella maggioranza dei casi, il controllo era in mano ai manager (capitalismo manageriale) poiché, se suddiviso in una moltitudine di soci, questo appariva troppo oneroso ed i benefici derivanti da un monitoraggio accorto verso l'operato dei dirigenti risultava essere inferiore al costo sostenuto. La netta seperazione dell´epoca tra controllo e proprietà si tradusse nell´affidare al management aziendale un potere connotato da una forte discrezionalità.

Jensen e Meckling ampliano la definizione della teoria muovendosi all'interno dell'asimmetria informativa che connota il rapporto principal/agent poiché, nella gestione dell'impresa, i manager hanno un vantaggio conoscitivo che può essere usato a loro interesse.

Vengono individuati tre principali costi legati ai conflitti di agenzia: Costi di monitoraggio. Sono rappresentati dai costi sostenuti dagli azionisti per monitorare e misurare l'operato dei manager; Costi di obbligazione. Si tratta di limitazioni poste all'esercizio dirigenziale e vincolano le scelte del management; Residual loss. La distanza che permane tra gli obiettivi del principale e dell'agente, una volta sostenuti i costi di monitoraggio ed incentivati i manager a comportamenti in linea con quelli degli azionisti, viene definita perdita residuale.

L'operato del manager è connotato da una certa discrezionalità in base alla struttura della corporate governance. Maggiore sarà la polverizzazione della proprietà tra diversi azionisti e maggiore risulterà la liberta d'azione del management.

La crescita dimensionale delle imprese attraverso operazioni di acquisizioni e fusioni negli anni che vanno dal 1960 e 1980 evidenziano il ruolo del management aziendale e sulla sua influenza.

In tale contesto risulta evidente il disallineamento di obiettivi tra dirigenti e proprietari poiché la creazione di valore attraverso strategie viene superata dalle finalità individuali dei manager, motivati da fattori personali, collegati a considerazioni di tipo remunerativo e riflessi sulla carriera professionale.

Infatti, il successo del manager veniva dipeso da una struttura remunerativa che favoriva la crescita dimensionale spinta fino all'overdiversification, motivata dalla stagnazione di alcuni settori economici in cui l'azienda già operava e sfruttando le risorse che ne derivavano per ingrandire l'ambito di attività dell'organizzazione, a discapito degli azionisti che si vedevano sottrarre quei flussi di cassa dalla mancata distribuzione dei dividendi.

I manager sono certamente motivati a mantenere tali risorse all'interno della medesima industria, mentre, restituendo parte del capitale ai soci quest'utili potrebbero dirigere altrove le proprie disponibilità.

Tutto ció é stato reso possibile per l´esistenza di un problema di corporate governance, più precisamente di poor corporate governance. L'assenza di un blockholder e di un conseguente monitoraggio, ha favorito le strategie di diversificazione poiché il potere era nelle mani dei manager che perseguivano finalità in contrasto con la performance aziendale.

Attraverso la pressione degli azionisti di maggioranza i manager, a cavallo del 1980 sono stati incentivati ed in parte costretti a tornare sui propri passi e rimodulare i confini aziendali attraverso processi di disinvestimento.

Questi processi hanno la capacità di risolvere i problemi di agenzia proprio in relazione alla possibilità di riallineare gli obiettivi manageriali, non tanto a quelli degli azionisti, quanto a quelli espressi dall'organizzazione.

I problemi di agenzia influenzano la scelta della modalità di disinvestimento. In estrema sintesi gli spin-off sono preferiti nel caso di una proprietà concentrata, poiché risponde ad un'esigenza di flessibilità strategica nella costruzione del portafoglio dell'azionista dominante, mentre i manager spingono verso sell-off capaci di generare risorse finanziari da impiegare in altri progetti di investimento. Difficilmente i carve-out sono promossi dai dirigenti aziendali, poiché il mercato azionario pone una lente di ingrandimento sulla testa degli stessi dirigenti e del loro operato.

In ultimo, non in ordine di importanza, il conflitto tra azionisti e manager riguarda l'allocazione degli eventuali flussi di cassa in eccesso. I manager spingono verso acquisizioni e fusioni per rispondere alle proprie manie di grandezza e costituire dei veri e propri imperi (empire building).

Diversamente gli azionisti preferirebbero la distribuzione dei dividendi che viene ostacolata dai dirigenti per tre ordini di ragioni. In primo luogo può denotare l'incapacità di intravedere progetti alternativi a VAN positivo. Secondariamente la restituzione dei capitali compromette la gestione ed il controllo su di essi esercitato dal management ed in ultimo diminuisce le risorse finanziarie a disposizione per promuovere altri investimenti.

I principali interventi che possono contribuire se non ad eliminare, ad attenuare i conflitti di agenzia si configurano in due diverse tipologie, che da una parte favoriscono l'allineamento degli interessi attraverso la partecipazione al capitale azionario dei manager e dall'altra, sostengono meccanismi di monitoraggio e misurazione della performance.

Nella prima tipologia è consuetudine assegnare ai manager delle azioni o delle opzioni su queste (stock option) così da incentivare il perseguimento dei medesimi fini auspicati dagli azionisti che sottendono la creazione di valore azionario.

Nella seconda tipologia, oltre ad evidenziare, ancora una volta, il ruolo positivo assunto dall'azionariato di maggioranza nel saper controllare e monitorare l'operato dei manager, l'impresa può favorire l'inserimento di figure indipendenti nella composizione del consiglio di amministrazione, atte a monitorare le azioni promosse dai dirigenti e predisposte a contemperare le diverse esigenze espresse dai proprietari e dagli alti funzionari.

Capitolo VII

Le modalità di disinvestimento aziendale

Come anticipato, il disinvestimento aziendale è una delle modalità più frequentemente utilizzate dalle imprese per ottimizzare la propria struttura strategica e può essere realizzato attraverso tre modalità principali: il Corporate Sell Off, il Corporate Spin Off e l'Equity Carve Out.

Benché la letteratura e la pratica aziendale abbiano instillato il dubbio che tale operazione sia essenzialmente uno strumento per risolvere i problemi aziendali o correggere errori compiuti nel passato, numerosi studiosi hanno recentemente riconsiderato l'argomento e propongono nei loro contributi il disinvestimento aziendale come uno strumento attraverso il quale l'azienda migliora la propria organizzazione, elimina le inefficienze e realizza un aumento del valore aziendale.

Evidentemente, non è possibile spiegare inequivocabilmente da dove tale valore derivi, dal momento che è possibile disinvestire tramite le tre modalità sopra elencate le quali presentano elevate differenze l'una dall'altra a livello strutturale; è possibile, però, fare riflessioni in merito a tale argomento considerando ciascuna modalità singolarmente.

Sell Off

Col termine Sell off si intende la vendita di una porzione d'impresa (una sussidiaria, una divisione, un segmento una controllata o una linea di prodotti) ad una terza parte mediante una transazione privata in cambio, generalmente, di risorse finanziarie liquide; talvolta, comunque, il seller riceve titoli o una combinazione di cash e titoli.

Benché attraverso questa operazione la parent ceda parte della propria capacità produttiva, le proprie risorse patrimoniali non vengono ridotte grazie all'afflusso di denaro che viene solitamente utilizzato per acquisire nuovi assets e realizzare nuovi investimenti.

Molto spesso tali operazioni vengono considerate come opposto delle operazioni di acquisizione, soprattutto poiché il Corporate Sell Off, se visto nell'ottica dell'acquirente può presentare con un'operazione di M&A alcune somiglianze; è bene, perciò, specificare che esse differiscono notevolmente per taluni aspetti estremamente rilevanti: Differenza nell'iniziativa. Generalmente un'operazione di Corporate Sell Off viene intrapresa dal venditore; Obblighi di disclosure. Le operazioni di Corporate Sell Off sono sottoposte ad una minore disclosure che consente ai manager delle imprese coinvolte di poter conservare un elevato riserbo sulle informazioni e le negoziazioni.

Il Corporate Sell Off è un'operazione molto delicata nella quale sia l'acquirente che il venditore giocano un ruolo estremamente importante nella definizione dei termini della vendita e del prezzo di cessione sulla base delle informazioni che essi detengono relativamente alla business unit.

Nella fattispecie, il venditore conosce il valore intrinseco dell'unità ma ignora il valore che esso ha per il potenziale acquirente, mentre l'acquirente, che ignora le informazioni più specifiche riguardo il valore della business unit, è a conoscenza del valore che l'acquisizione dell'unità potrebbe conferirgli grazie alla gestione dello stesso nella propria realtà aziendale.In linea teorica il processo di vendita di un'unità aziendale può essere di tipo reattivo o proattivo. Si parla di Reactive Sale quando la vendita avviene dopo che la parent viene contattata da un buyer interessato all'acquisto dell'intera impresa ovvero di una sua parte, ad esempio una linea di business o una sussidiaria.

Al contrario, è definita Proactive Sale, la vendita caratterizzata dall'iniziativa dell'azienda di mettersi in vendita, in modo totale o parziale.

La vendita proattiva può essere realizzata attraverso una sollecitazione di tipo pubblico o di tipo privato: nel primo caso, l'azienda annuncia pubblicamente la propria volontà di mettersi in vendita, mentre nel secondo, la parent cerca, per proprio conto o tramite un intermediario, buyer potenziali da contattare. Nella vendita reattiva, invece, dopo aver ricevuto l'offerta da parte di un bidder, la parent può percorrere due diverse alternative: qualora l'offerta ricevuta sia sufficientemente attrattiva, può decidere di procedere a negoziare gli accordi contrattuali senza cercare alternative, qualora invece la parent ritenga di poter trovare sul mercato altri offerenti disposti a presentare un'offerta migliore, si rivolge allo stesso, scegliendo, anche in questo caso, l'alternativa preferita tra la sollecitazione di tipo pubblico e quella di tipo privato.

Il processo di vendita proprio dell'operazione di Corporate Sell Off è di tipo proattivo e si realizza mediante una sollecitazione di tipo privato. Lo stesso processo può essere scomposto in due macrofasi: la pianificazione dell'operazione (comune a tutti i processi di vendita), e il processo di vendita vero e proprio.

Raggiunta la decisione di disinvestire, l'azienda parent affronta la fase di redazione del progetto dell'operazione nel quale rappresentare cronologicamente e spiegare le azioni da svolgere, individuare il team preposto all'operazione e i compiti e le responsabilità loro assegnati.

Tale progetto deve contenere, inoltre, l'individuazione degli obiettivi e i vantaggi che si intende ottenere oltre che una stima dei costi che si prevede di sostenere.

La comunicazione del piano al team e, in generale, ai componenti dell'azienda è un momento di fondamentale importanza ed è necessario che la parent preveda un piano comunicativo adeguato a raccogliere i consensi e a richiamare l'impegno dei soggetti coinvolti.

La presenza di terze parti con cui concludere l'affare e la gestione privata della transazione sono gli elementi che contraddistinguono l'operazione di Corporate Sell Off dalle altre due modalità di exit.

Questi elementi richiedono alla parent uno studio approfondito delle informazioni da fornire agli offerenti coi quali entra in contatto; nella fattispecie, nella terza fase, vi è la raccolta di tutte le informazione rilevanti ai fini della vendita e la preparazione della data room da utilizzare nella procedura di due diligence.

Nella fase seguente l'azienda parent seleziona il buyer col quale avviare la contrattazione e quindi annuncia ufficialmente la volontà di vendere il business. A questo punto inizia ad impostare il processo di due diligence col quale raccogliere le principali informazioni patrimoniali, finanziarie, economiche, gestionali, strategiche, fiscali, ambientali e relative ai sistemi informativi che permettono all'acquirente di accedere ad informazioni più complete e dettagliate sulle quali basare la propria offerta.

Tale processo può avvenire secondo diverse metodologie:

No access Review. L'indagine che deriva da questa prima modalità risulta molto limitata poiché non prevede l'accesso del buyer alle informazione riservate della target ma solo a quelle di tipo ufficiale. Solitamente tale metodo viene utilizzato nella fase di avvio da parte del buyer il quale ricerca nei documenti disponibili elementi in grado di ostacolare anche solo l'avvio delle trattative;

Data Room. Questa modalità prevede che le informazioni relative alla target siano messe a disposizione del buyer in un determinato luogo e per un certo periodo di tempo. La Data Room Due Diligence viene solitamente utilizzata quando la target intende distribuire le informazioni ai potenziali acquirenti senza che questo comporti una distrazione dalla propria attività;

Agreed upon procedures. Coi termini procedure concordate si intendono delle indagini, appunto, concordate tra seller e buyer, relativamente a determinati aspetti o aree specifiche della target.

Full access Due Diligence. Tale modalità è quella più completa ed esaustiva e consente al buyer di valutare efficacemente la target e di scegliere consapevolmente in merito alla convenienza dell'operazione.

Il prodotto del processo di Due Diligence è un rapporto che contiene l'elenco delle attività svolte, le tempistiche del processo, i principali aspetti relativi al business e la sintesi delle più significative problematiche emerse.

Concluso il processo di Due Diligence e, laddove l'acquirente non abbia riscontrato elementi che lo abbiano distolto dall'acquisto, la parent sceglie la modalità di contatto con i possibili acquirenti (vendita privata, vendita competitiva controllata o asta pubblica), quindi il buyer più indicato e procede con la negoziazione dei termini contrattuali ovvero con la firma del contratto e la chiusura dell'operazione attraverso la separazione della target dalla parent e la sua cessione all'acquirente.

La fase della separazione tra l'unità dismessa e la casa madre prevede due momenti: l'unbundling e il detaching. Nella fase dell'unbundling avviene la divisione delle risorse condivise, come ad esempio i brevetti. La gestione di tale fase è molto delicata poiché un errore nella divisione delle risorse condivise potrebbe comportare ingenti danni alle risorse della casa madre e quindi un deterioramento nelle prestazioni della stessa.

Il detaching consiste, invece, nella migrazione delle relazioni coi clienti interni ed esterni. La gestione della migrazione delle relazioni coi clienti interni, i quali sono ad esempio le altre unità aziendali che venivano rifornite dalle unità ceduta, va curata per evitare blocchi o rallentamenti che potrebbero ripercuotersi sui risultati globali dell'impresa; mentre la corretta gestione della migrazione dei rapporti coi clienti esterni, che si basa soprattutto su un raffinato processo di comunicazione, è importante per limitare gli attriti con gli stessi con effetti sul resto dell'impresa.

Da quanto detto è evidente che, al contrario di quanto accade nelle operazioni di acquisizioni e fusioni, nelle quali l'integrazione dell'unità acquisita avviene dopo che la transazione si è conclusa, le operazioni di sell off prevedono una lunga ed intensa fase di preparazione a cui deve seguire una rapida cessione dell'unità da parte dell'azienda parent.

Un recente contributo aggiunge al processo sovraesposto ulteriori due momenti fondamentali che si verificano l'uno precedentemente rispetto al processo riportato e l'altro in un momento successivo alla cessione dell'unità.

Il primo tratta della Identificazione dell'unità da vendere. Tale fase, che rappresenta l'avvio del processo di vendita, si apre con la valutazione delle business units aziendali, volta ad individuare la o le unità da disinvestire.

Le variabili considerate in tale valutazione sono le performance delle unità e le sinergie che esse hanno con il resto delle unità aziendali.

La considerazione di queste variabili nella valutazione dei business consente al management di individuare le cause delle basse performance ed, eventualmente, di prevenire le conseguenze negative che seguirebbero la cessioni di unità fortemente interdipendenti col resto dell'azienda. Nel dettaglio, le business units che hanno maggior probabilità di essere cedute sono quelle che realizzano basse performance e non presentano particolari sinergie con il resto dell'azienda.

Il secondo afronta il tema della Separazione e Riallocazione degli asset. Tale ultima fase segue la separazione dell'unità ceduta e consiste nella riallocazione e nel reinvestimento delle risorse liberate grazie alla cessione. Da tale processo discende la gran parte del valore associato alle operazioni di sell off poiché il maggior beneficio associato alle stesse, consiste nel recupero di efficienza reso possibile da una migliore ripartizione delle risorse presenti nella società.

Il metodo di pagamento utilizzato nell'ambito di un'operazione di sell off riveste la massima importanza in quanto esso concorre a modificare e ridefinire la struttura di capitale dell'impresa che effettua la cessione e di quella che compie l'acquisto. Benché nella maggioranza dei casi il metodo di pagamento utilizzato sia quello cash, il 25% circa dei sell off che coinvolgono imprese americane vengono regolate attraverso l'utilizzo dell'equity. Poiché tutte le condizioni contrat tuali e quindi anche il metodo di pagamento deve soddisfare entrambe i contraenti, gli elementi che influenzano la scelta tra cash ed equity dipendano tanto da caratteristiche dell'offerente che del venditore oltre che dall'ambiente all'interno del quale operano.

Gli offerenti tendono ad utilizzare tanto più cash quanto più hanno elevate giacenze di cassa (in accordo alla teoria dell'ordine di scelta di Myers secondo la quale la prima fonte di finanziamento scelta, se disponibile, è quella interna)e quando presentano un minor grado di leva finanziaria ed una migliore possibilità di accesso al capitale di credito.

Quando la leva finanziaria è elevata, infatti, gli offerenti non hanno buone capacità di debito, per cui essi preferiscono limitare il ricorso al cash in quanto aumentare ulteriormente l'indebitamento comporterebbe l'incremento dei costi di fallimento.

L'utilizzo del cash come metodo di pagamento è collegato, inoltre, alla dimensione degli asset ceduti da parte del seller. La vendita di una sussidiaria o di un'intera linea di business denuncia l'esistenza di problemi finanziari della parent o la sua volontà di operare una rifocalizzazione sui business principali, di conseguenza, in tale eventualità, essa preferisce infusioni di cassa per superare la situazione di difficoltà o riconfigurare l'impresa.

L'utilizzo di equity come metodo di pagamento è maggiormente frequente quando l'offerente presenta elevate opportunità di crescita e l'acquisto riguarda una elevata quantità di assets. Quando un'impresa realizza elevate performance ed ha numerose opportunità d'investimento, preferisce mantenere la cassa che possiede e, d'altro canto, le aziende venditrici sono ben disposte ad ottenere azioni delle aziende acquirenti le quali manifestano elevate opportunità di crescita.

L´uso di questo strumento di pagamento riflette anche l'esistenza di asimmetrie informative tra offerenti e venditor, ahce si revelano molto più pronunciate quando il valore dell'operazione è molto alto.

Infine nelle transazioni cross border, gli offerenti mostrano una propensione all'utilizzo di equity nei paesi caratterizzati da un elevato rischio paese, ridotti diritti degli azionisti e debolezza del sistema giuridico.

La propensione degli offerenti a utilizzare l'equity in questi casi dipende principalmente dalla possibilità che questa modalità gli offre di condividere il rischio derivante dall'incertezza dei paesi nei quali investono e, d'altro canto, le aziende target dei paesi con ridotti diritti degli azionisti, elevato rischio paese e debole sistema giuridico, possono essere indotte ad accettare di accollarsi parte del rischio dell'operazione per attrarre gli investitori dei paesi stranieri.

Le ragioni che portano alcune imprese a considerare di disinvestire uno o più business aziendali tramite il ricorso allo strumento del sell-off derivano sia da fattori esterni che interni. Relativamente ai fattori esterni, l'osservazione della crescita della percentuale di vendita di unità aziendali negli anni '80, ha portato a ritenere che tali operazioni potessero essere collegate a fattori congiunturali e, nella fattispecie, ad un tentativo di anticipare e proteggersi dagli effetti negativi derivanti dalla possibilità di divenire oggetto di acquisizioni ostili, estremamente frequenti negli stessi anni; tale considerazione, spiegherebbe anche il presentarsi delle operazioni di disinvestimento ad ondate proprio in momenti economici sfavorevoli.

Circa i fattori interni, per individuare le spinte al disinvestimento tramite sell off bisogna considerare, a nostro avviso, da un lato i risultati operativi direttamente derivanti dalla cessione e dallo altro le opportunità d'investimento e di riallocazione delle risorse liberate che si aprono per l'impresa a seguito dell'operazione. Nella fattispecie, dalla letteratura emergono diverse spinte al disinvestimento tramite Corporate Sell Off.

Una delle motivazioni che più frequentemente spinge le aziende multibusiness ad intraprendere la strada del disinvestimento è quella della rifocalizzazione delle attività. Tale disinvestimento è basato sulla constatazione che la gestione di un portafoglio di business limitatamente diversificato possa essere realizzata con maggiore efficienza rispetto a quella di una realtà imprenditoriale caratterizzata dalla presenza di numerosi business, frequentemente scarsamente correlati tra loro.

Tale cessione, quindi, comporterebbe per l'azienda l'eliminazione di sinergie negative ed un conseguente miglioramento delle performance. In sostanza, la rifocalizzazione apporta benefici poiché, siccome nelle realtà multibusiness oltre un certo livello di diversificazione un'azienda non risulta più in grado di realizzare un'efficiente allocazione delle risorse né riesce a monitorare l'attività di ciascun business.

In tale ottica, che prende il nome di efficient deployment hypothesis of asset sales, il management mantiene solo quelle unità nella cui gestione possiede un vantaggio competitivo e cede le altre a terze parti in grado di gestirle più efficientemente consentendo agli azionisti di appropriarsi di tale risultato attraverso il reinvestimento delle risorse ottenute ovvero la distribuzione delle stesse sottoforma di dividendi.

In tali circostanze, inoltre, parte dei miglioramenti delle performance derivano dalla risoluzione del conflitto di agenzia tra management ed azionisti.

La riduzione del perimetro aziendale, consentendo una riduzione dei costi di monitoraggio del management e, di conseguenza, una minore possibilità per essi di adottare un comportamento opportunistico, si traduce in una maggiore efficienza aziendale ed in un aumento del suo valore.

In effetti, la presenza della relazione di agenzia costituisce tanto un elemento la cui riduzione libera valore, quanto un elemento che influenza l'operazione di disinvestimento.

In merito a tale secondo aspetto l'influenza maggiore interessa la scelta dell'unità oggetto di disinvestimento; nella fattispecie, poiché la teoria dell'agenzia suggerisce che il management non è interessato a massimizzare il profitto ma solo a realizzare operazioni che lo proteggano da sostituzioni o riduzioni del loro prestigio, la scelta dell'unità da disinvestire dipende fortemente dal gruppo che all'interno dell'azienda ha il maggior potere decisionale.

Il ricorso al disinvestimento tramite Corporate Sell Off in presenza di imprese eccessivamente diversificate non appare la soluzione preferibile.

Quando le imprese sono di tipo conglomerale, infatti, ciascun business corre il rischio di essere sottovalutato rispetto al suo reale valore e, di conseguenza, la soluzione migliore per gli azionisti non sembra il Corporate Sell Off, dal momento che chiaramente essi non riceveranno effettivi benefici dalla vendita di un asset sottovalutato, ma sembra ragionevole attenderci che imprese in tale situazione propenderanno per le altre modalità di disinvestimento, che, imponendo una maggiore trasparenza, riducono le asimmetrie informative tra i venditori e gli offerenti e riallineano il valore di mercato con il valore effettivo.

Tale problema potrebbe comunque venire parzialmente risolto tramite gli adempimenti di disclosure realizzati nelle vendite private ovvero non si presenta quando a causa dello stato dei mercati azionari la transazione del business sul mercato pubblico deprimerebbe il suo reale valore, elemento che identifica la transazione privata l'alternativa più vantaggiosa per gli azionisti.

Talvolta, inoltre, la cessione del business ad organizzazioni in grado di valorizzarlo meglio di quanto avvenga nell'organizzazione del seller permette a quest'ultimo di ottenere un corrispettivo che non si limita al valore attuale dei futuri cash flows della business unit ma riflette le opportunità che il buyer può cogliere acquisendolo, in particolar modo quando si tratta di un acquirente industriale. Un approccio più strettamente finanziario individua una correlazione positiva tra una situazione di difficoltà finanziaria ed il ricorso alle operazioni di Corporate Sell Off.

Secondo tale impostazione le imprese vendono assets, e più in generale business, per ottenere liquidità quando ottenere fondi tramite altre modalità risulterebbe complesso o eccessivamente oneroso a causa di un'elevata leva finanziaria o / e ridotte performance piuttosto che per la scoperta che qualche altra azienda ha una più efficiente capacità di gestione di un determinato business.

I fondi ottenuti tramite tale transazione possono essere utilizzati dalle imprese per perseguire un duplice obiettivo: da un lato, ridurre il loro livello d'indebitamento, e dall'altro intraprendere nuovi investimenti più sicuri e remunerativi; entrambe le alternative, comunque, appaiono finalizzate ad un medesimo scopo: il miglioramento della struttura del capitale.

È importante notare anche come, se è vero che numerose evidenze empiriche hanno evidenziato un aumento nel valore delle partecipazioni azionarie in aziende che annunciano operazioni di cessione è altrettanto vero che le reazioni del mercato risentono fortemente delle destinazioni d'uso dei pro venti: l'aumento di valore è significativamente positivo quando le imprese destinano il ricavato per ripagare i propri debiti e poco significativo quando, invece, le imprese prevedono di mantenere i proventi nell'organizzazione.

Benché quella del Corporate Sell Off sia una decisione drammatica e non reversibile, a causa dei costi d'uso del mercato, dei costi di agenzia e dello sconto da diversificazione presente nelle imprese multibusinss, appare preferibile, in particolare agli occhi del management, nonostante le note remore alla cessione da parte dell'organo gestionale per almeno tre ragioni: qualora la leva finanziaria dell'azienda sia elevata e raccogliere capitale sul mercato diventerebbe estremamente complesso; le asimmetrie informative possono essere considerate meno svantaggiose da parte di un buyer che acquisti un business per intero, piuttosto che una semplice partecipazione; nel caso in cui il management voglia vendere per perseguire propri interessi la vendita privata non richiede l'elevata disclosure richiesta dal mercato.

Evidentemente, tali motivazioni possono presentarsi singolarmente, ovvero insieme, in diversi momenti della vita di un'impresa. L'individuazione di una nuova opportunità d'investimento in un'area strettamente correlata al core business, ad esempio, può fungere da input per una riorganizzazione dei business aziendali e portare l'impresa a rifocalizzare l'impresa eliminando le sinergie negative e beneficiando sia del guadagno associato al nuovo investimento sia dalla cessione del business ad un soggetto economico che lo acquisisce nella consapevolezza di saperlo valorizzare, e quindi gli assegna un prezzo maggiore.

Spin Off

L'operazione di Corporate Spin off consiste nell'apporto da parte di un soggetto del complesso o di un singolo ramo aziendale ad un altro soggetto di nuova costituzione ovvero già esistente, con la contestuale assegnazione delle azioni dell'unità conferita agli azionisti della scorporante proporzionalmente alla quota di partecipazione di ciascun azionista nella stessa; tale operazione, quindi, non producendo flussi di cassa, non genera alcuna infusione di cassa a beneficio della scorporante.

A seguito di tale operazione, la conferente (l'aziende che esegue il Corporate Spin Off) e la conferitaria (la beneficiaria) condividono la medesima compagine azionaria per composizione e rapporti di forza, ma possiedono un proprio management ed operano indipendentemente, seppure in molti casi tra la parent e l'unità disinvestita vengono mantenuti legami di carattere formale od informale.

La decisione di realizzare un Corporate Spin Off presuppone che i gestori della parent considerino, oltre ai vantaggi immediati, le implicazioni di lungo termine di tale operazione: la creazione di una nuova entità legale, infatti, è giustificata unicamente dalla ragionevole certezza che essa sia in grado di sopravvivere e continuare ad operare autonomamente.

Il termine Spin Off viene utilizzato indifferentemente per fare riferimento a due fattispecie tra loro differenti. Lo Spin Off da ricerca consiste in un'iniziativa imprenditoriale avviata da soggetti che hanno accumulato conoscenze e esperienze nell'ambito del loro percorso lavorativo.

Generalmente, lo Spin Off da ricerca identifica lo Spin Off Accademico, nel quale la figura imprenditoriale è rappresentata da professori o ricercatori universitari, Università o Enti di ricerca ed ha lo scopo di applicare i know how sviluppati e valorizzare da un punto di vista economico le conoscenze derivanti dalla pubblica ricerca universitaria. La propensione all'innovazione di questo genere di imprese, che deriva dall'accesso libero e continuativo ad un flusso informativo costantemente aggiornato, è indubbiamente un vantaggio estremamente significativo che ha comportato un rapido sviluppo dello strumento sia in Europa che nel Nord America.

Lo Spin Off di imprese invece rappresenta la creazione di nuove entità aziendali da parte di uno o più soggetti individuali che decidono di distaccarsi dalla realtà nella quale operano ovvero da parte dell'impresa stessa che decide di distaccare parte della propria organizzazione. Il principale vantaggio derivante da tali operazioni è la possibilità di incrementare il livello di innovazione, di specializzazione e di divisione del lavoro.

Il Corporate Spin Off, che in alcuni casi può essere parziale, cioé quando la casa madre cede solo parte delle azioni dell'azienda detenendo temporaneamente le restanti nel proprio portafoglio assicurandosi in questo modo il guadagno di proventi di cassa posticipando, comunque, la cessione delle stesse ad un secondo momento, presenta due ulteriori variante.

Lo Split Up e' una transazione nella quale l'azienda parent viene suddivisa in una o più aziende diverse le cui azioni vengono attribuite ai soci della parent secondo modalità definite di volta in volta; a seguito della disgregazione, la casa madre cessa di esistere.

Oltre a ragioni di carattere strategico i Corporate Split Ups sono spesso motivati da espresse richieste governative ai fini della ricomposizione delle dinamiche concorrenziali; in tali circostanze è necessario che le aziende Split Ups siano totalmente indipendenti le une dalle altre escludendo, in tale modo, il rischio di monopolio.

Lo Split Off consiste in una transazione nella quale una parte degli azionisti della casa madre riceve azioni della scorporata, rinunciando alle azioni possedute nella parent.

Tale operazione è equivalente ad un riacquisto della azioni proprie da parte della casa madre con la particolarità che si utilizzano azioni della nuova entità anziché denaro contante.

Generalmente, lo Split Off segue una precedente operazione di Spin Off nella quale le azioni sono state cedute al pubblico, cosicché il valore di negoziazione delle azioni della società nata grazie alla separazione del business dalla parent possa essere usato nella definizione del rapporto di cambio nello Split Off.

La fondamentale differenza tra lo Spin Off e lo Split Off è che dopo il completamento dell'ultimo le azioni dell'aziende splittata non sono distribuite pro rata tra i vecchi azionisti della parent dal momento che alcuni azionisti deterranno unicamente azioni della nuova entità, altri solo azioni della paraent, altri ancora le deterranno entrambe.

Tale fattispecie è caratterizzata da una notevole flessibilità e può soddisfare le preferenze degli azionisti laddove essi abbiano delle preferenze nel possedere determinate azioni anziché altre.

Il processo di Corporate Spin Off dura tipicamente sei mesi: nei primi due vi è la preparazione operativa dell'operazione e l'annuncio della stessa, nei restanti quattro avviene la procedura di adeguamento alle normative ed il processo di divisione e distribuzione delle partecipazioni azionarie.

Il Corporate Spin Off può essere suddiviso in 4 momenti fondamentali.

Nella prima fase il consiglio d'amministrazione valuta la possibilità di eseguire uno scorporo e decide in merito a tale possibilità; qualora la decisione sia positiva i soci della parent ricevono l'informazione sulla base della quale decidono quale ruolo rivestire nell'operazione e se mantenere il controllo di entrambe le società ovvero cedere il controllo della scorporata.

Uno dei momenti fondamentali nella pianificazione di un'operazione di Corporate Spin Off consiste nella scelta dell'unità da disinvestire: nel caso in cui la scelta interessi un'intera sussidiaria operante autonomamente il processo si rivela tutto sommato semplice poiché il business ceduto possedeva già una propria indipendenza ed i suoi confini erano ben definiti; nel caso in cui, invece, si decida di scorporare una divisione o una parte di un business più grande la procedura di separazione dalla parent diventa molto più complessa, poiché si dovranno identificare le attività e le operazioni che la parent deterrà per sé e quelle che trasferirà alla parent e dovranno essere effettivamente effettuati tali trasferimenti.

Nella fase successiva avviene l'annuncio della decisione di Spin Off e la pubblicazione di un Piano che descriva le finalità del progetto e gli obiettivi aziendali, i compiti da svolgere e la loro rispettiva assegnazione, gli individui coinvolti e le tempistiche da rispettare. La descrizione di tali aspetti, che semplifica le procedure di stesura degli accordi, consente di verificare l'aderenza del risultato al progetto e garantisce che le variabili strutturali siano identificati sin dall'inizio del processo.

Il periodo che intercorre tra la data dell'annuncio dell'operazione e la record date, nella quale vi è la precisa individuazione delle partecipazioni spettanti a ciascun azionista della parent nella scorporata e l'articolazione del futuro organo amministrativo, è il momento nel quale deve essere raccolta la più grande quantità di informazioni sulla base delle richieste della autorità di controllo della borsa valori, che richiede normalmente la redazione di un prospetto informativo stilato sulla base di modelli predefiniti e padronizzati e che contenga informazioni finanziarie e patrimoniali della parent e della scorporata, i dettagli dell'operazione e una descrizione analitica del business della target.

Tale prospetto prima della sua pubblicazione deve essere approvato dalla autoritá di vigilanza e controllo della borsa valori.

In molti paesi occidentali la parent può fare richiesta alla autoritá tributaria di beneficiare di um regime di neutralitá fiscale come accade negli USA. L'Internal Revenue Service accorda la parent di beneficiare del regime di neutralità fiscale ex Section 355 che propone un trattamento esente da tasse qualora l'operazione realizzata non preveda la distribuzione di denaro o altra attività liquida e non preveda la vendita di intere entità aziendali.

Tale norma individua cinque condizioni da soddisfare affinché l'operazione venga ammessa al regime di neutralità fiscale che coinvolgono sia la fase Pre Spin-Offche quella Post Spin-Off.

Tale regime di neutralità normalmente si applica unicamente all'operazione di scorporo e non anche ad una eventuale successiva vendita delle medesime azioni a terzi, nel qual caso gli azionisti saranno sottoposti a tassazione in proporzione all'eventuale capital gain ottenuto come differenza tra il prezzo di vendita delle partecipazioni e il loro valore contabile.

Dopo l'approvazione da parte della autoritá di vigilanza della borsa valori del prospetto informativa, l'assemblea dei soci emette la delibera di approvazione del progetto e matura il diritto di ricevere azioni della sussidiaria in base al rapporto di cambio stabilito.

La quarta ed ultima fase consiste nel closing, ovvero nella effettiva emissione delle azioni della sussidiaria sul mercato che coincide col momento di separazione della target dalla parent. Tale fase consente una valida regolazione del prezzo di vendita delle azioni al quale gli azionisti della parent non interessati a mantenere una partecipazione nella target possono vendere le proprie azioni.

La particolare struttura dell'operazione, ed in particolare l'assenza di flussi di cassa generati direttamente, suggerisce che più che a motivazioni di carattere economico, tale strumento risponda ad obiettivi di carattere organizzativo. Ciò, comunque, non significa che tali operazioni non realizzino incrementi di valore dal momento che un elevato numero di studi ha dimostrato elevati rendimenti contestualmente all'annuncio e fino ai tre anni successivi.

I vantaggi conseguibili tramite un'operazione di Corporate Spin Off possono essere riassunti in tre categorie principali: Incremento del tasso di innovazione; Maggiore motivazione per il management e i dipendenti; Riassetto organizzativo per correggere rigidità e inefficienze.

In effetti, una delle motivazioni che contraddistingue tale modalità di disinvestimento dalle altre è la considerazione che il Corporate Spin Off sia un importante metodo per cogliere opportunità di crescita in nuovi mercati o in settori altamente tecnologici. Attraverso tale strumento, facendo leva sulle conoscenze di base della parent, è possibile accrescere e sviluppare il patrimonio di competenze aziendali servendosi della target, con lo scopo di rafforzare il vantaggio competitivo della casa madre attraverso il legame mantenuto con la società Spin Off; tale ragionamento spiega l'elevato sostegno delle parents alle operazioni di Corporate Spin Off ed il mantenimento di legami formali come le partecipazioni al capitale e gli accordi di licenza.

Attraverso la separazione della target dalla parent, la prima può sperimentare nuove tecnologie e pratiche commerciali altrimenti impraticabili nella struttura tradizionale aziendale ed introdurle successivamente nell'organizzazione della parent. Il beneficio del mantenimento del legame con la parent è stato dimostrato da numerosi studi, i quali dimostrano l'esistenza di un vantaggio comparato delle aziende Spin Off nei confronti delle start up imputabile essenzialmente all'assorbimento delle routine e delle procedure della parent e della possibilità di accedere alle sue risorse e infrastrutture.

Generalmente, la linea di business che la target sviluppa non è strettamente correlata alle attività della parent e si concentra spesso su innovazioni radicali che non consentono di individuare chiaramente le possibilità di successo; tale elemento è quello che scoraggia più di tutti il mantenimento di un'unità fortemente innovativa all'interno della stessa entità, dal momento che il fallimento delle iniziative della target si ripercuoterebbero immediatamente sull'intera organizzazione.

Quando lo Spin Off è realizzato in tale ottica, gli investimenti in R&S della target sono estremamente elevati, il rischio operativo è particolarmente alto e i risultati di tale processo necessitano di diversi anni prima di manifestarsi.

Il vantaggio della parent, quindi, si traduce nella possibilità di continuare ad operare tradizionalmente nel proprio mercato ed utilizzare la propria tecnologia, senza esporsi ad alcun rischio e senza sottrarre investimenti o risorse al business originario ma riservandosi la possibilità di beneficiare dei risultati dell'innovazione sviluppata dalla target quando essa sarà pronta ad essere traslata sul mercato dei prodotti finiti.

La capacità di innovazione, comunque, non si intende unicamente in senso scientifico o tecnologico poiché con tale espressione si vuole intendere anche l'innovazione di carattere organizzativo; la diffusione di una nuova cultura gestionale, infatti, può contribuire ad incrementare il livello di competitività aziendale anche quando a questo rinnovamento della cultura non segue alcuna innovazione di carattere strettamente tecnologico.

Non meno frequentemente, il ricorso al disinvestimento è motivato dalla volontà della parent di rifocalizzare le proprie attività sul core business e semplificare la propria organizzazione. Effettivamente, la rifocalizzazione che segue lo Spin Off interessa tanto l'attività della parent che quella della target: il Corporate Spin Off, infatti, permette a ciascuna unità di focalizzare chiaramente i propri piani strategici ed operativi senza interferenze né deviazioni derivanti dalla gestione di business troppo lontani tra loro; evidentemente questo aumenta l'efficienza di entrambe le realtà aziendali grazie all'eliminazione delle sinergie negative.

La riduzione del livello di diversificazione, inoltre, in virtù della separazione delle entità e della possibilità di osservare direttamente i risultati di ciascuna di esse, getta le basi per la creazione di sistemi di incentivazione manageriale, che, allineando gli obiettivi di management e azionisti, riducono i problemi di agenzia.

Alla focalizzazione precedentemente esposta si aggiunge quella di carattere geografico che induce, talvolta, le aziende a separare le unità di business estere. A tal proposito esistono pro e contro o meglio vantaggi e rischi conseguenti ad uma operazione di Spin Off di unitá estera. Tra i vantaggi ci sono la riduzione dei costi di monitoraggio e coordinazione conseguenti alla minore complessitá geográfica; ridurre una eccessiva internazionalizzazione delle dimensioni aziendali; ridurre il trasferimento di risorse a favore delle unità meno profittevoli.

81

Trai rischi ad essere considerati la possibile riduzione delle economie di scala che segue lo Spin Off; il fatto che tale cessione può rappresentare un ripensamento dell'azienda che aveva inizialmente internazionalizzato; la riduzione della propria espansione geografica può divenire un elemento di svantaggio competitivo nei confronti dei rivali che continuano ad operare su base internazionale.

Un'altra ragione che spinge frequentemente le imprese a realizzare un Corporate Spin Off è la presenza di asimmetrie informative tra il management e l'esterno dell'impresa che causa la sottovalutazione delle imprese nel mercato dei capitali in virtù delle difficoltà che gli operatori incontrano nel capire l'effettivo valore di ciascun business e dell'azienda nella sua totalità.

Il Corporate Spin Off comportando la riduzione del numero dei business e quindi la riduzione della complessità dell'organizzazione aziendale, aumenta la trasparenza ed inoltre, la circolazione di un elevato numero di strumenti dell'azienda sul mercato rende il sistema dei prezzi più efficiente e riduce ancor di più le incertezze valutative degli operatori di mercato.

L'aumento di informazioni derivante da tali operazioni è dovuto a due ragioni. In primo luogo, la suddivisione delle imprese conglomerate in realtà meno complesse che producono proprie informazioni pubbliche riducono i costi associati alla ricerca di informazioni relative a ciascuna unità da parte degli investitori esterni; in secondo luogo, poiché solitamente accade che i diversi investitori siano specializzati nella produzione di informazioni relativi ad un solo determinato segmento della società e non degli ltri, il disinvestimento incoraggia la produzione di informazioni da parte di ciascun investitore e aumenta la presenza di informazioni generali nel sistema.

Il vantaggio legato alla riduzione delle asimmetrie informative è confermato da un importante studio di Krishnaswami e Subrama niam, dal quale è emerso che le operazioni di Corporate Spin Off in aziende caratterizzate da elevate asimmetrie informative presentano rendimenti maggiori delle stesse operazioni realizzate in cui vi sono ridotte asimmetrie informative.

L'operazione di Corporate Spin Off, in ultima istanza, si traduce frequentemente nell'assegnazione di dividendi non tassabili agli azionisti della parent, non sottoforma di cassa ma tramite la distribuzione delle azioni; la non tassabilità, un indubbio vantaggio per gli azionisti, può anch'esso rappresentare un incentivo alla scelta di tale modalità di disinvestimento. Tale considerazione, invero, è valida unicamente in quei paesi nei quali la non tassabilità è applicabile.

Infine occorre ricordare la esistenza di uma operazione che presenta diverse analogia col processo di Corporate Spin Off. In molti paese, soprattutto anglosassoni esiste una classe separata di azioni ordinarie dell'azienda parent che legano il guadagno degli azionisti alla performance di un particolare segmento o una specifica business unit. Sono denominate Tracking o Target Stock.

Il ricorso all'emissione di tale tipologia di azione trova il suo fondamento nella volontà di consentire al mercato una valutazione inequivocabile delle differenti unità dell'impresa basata sulle loro stesse performance. Sia gli investitori, che la stessa casa madre, ricevono benefici dall'emissione di tale categoria di azioni: gli investitori possono investire in una singola unità operativa di un'impresa diversificata mentre la parent, creando una nuova classe di azioni, può ottenere nuovi fondi da parte degli investitori e basare sulla distribuzione di questa categoria di azioni un piano di incentivazione rivolto ai manager a capo di ciascuna unità. In ultimo, l'emissione di Tracking Stock può rivelarsi idonea a semplificare il processo di uscita dalla business unit target.

Tale emissione come detto presenta diverse analogie col processo di Corporate Spin Off precedentemente analizzato; entrambi gli strumenti, infatti, consentono di rilevare separatamente i risultati finanziari di target e parent.

Tuttavia, se nello Spin Off vi è totale indipendenza della target, la quale possiede un proprio organo amministrativo che opera indipendentemente da quello della parent, nel caso di emissione di Tracking Stock il management della parent mantiene il controllo sulle attività della business unit target. Tale operazione presenta evidenti vantaggi e altrettante limitazioni.

I vantaggi più evidenti sono legati alla:non tassabilità dell'emissione azionaria; valutazione separata che il mercato può realizzare delle diverse unità aziendali; possibilità di predisporre piani d'incentivazione diretti a ciascun manager di ciascun business; aumento di flessibilità nella raccolta del capitale.

Gli svantaggi invece dipendono dalla: poca attrattività delle azioni a causa del mantenimento del controllo sull'unità target da parte della parent; possibili conflitti tra le diverse business units aziendali in merito all'allocazione delle risorse e alla definizione dei prezzi di vendita nel mercato interno delle risorse; poca innovazione introdotta nella gestione a causa della medesimezza dell'organo amministrativo.

Equity Carve-Out

L'Equity Carve Out è un'operazione complessa consistente nell'IPO di una parte delle azioni ordinarie di una determinata società interamente controllata da una parent ed è considerata come una transazione intermedia ed ibrida. La sua ibridità deriva dalla sua somiglianza sia con il Corporate Sell Off che con il Corporate Spin Off: così come nello Spin Off, infatti, nell'Equity Carve Out le azioni della sussidiaria sono scambiate separatamente da quelle della parent, prevedendo, però, un'infusione di cassa nella parent, anziché una divisione pro rata delle stesse tra gli azionisti, elemento che, invece, avvicina tale strumento al Corporate Sell Off.

Da entrambe le modalità, comunque, l'Equity Carve Out si differenzia in virtù del ruolo post-disinvestimento della parent nella target: nella quasi totalità dei casi, infatti, vi è la permanenza del controllo della target nelle mani della parent.

Essa è, inoltre, spesso considerata un'operazione intermedia poiché nelle maggioranza dei casi entro pochi anni dall'Equity Carve Out il business oggetto della quotazione viene riacquistato o ceduto totalmente. In altre parole, un'Equity Carve Out, chiamato anche Partial IPO, si sostanzia in una tipologia di Spin Off nella quale il ramo che si intende disinvestireviene conferito ad un veicolo societario che viene poi sottoposto ad IPO.

Generalmente, la quota di maggioranza del capitale netto della casa madre non viene ceduto, e solo la minoranza viene destinata al pubblico tramite IPO; quando la cessione viene effettuata direttamente dalla divisione si parla di primary issue e non prevede alcuna conseguenza fiscale; al contrario, quando le azioni vengono cedute dalla casa madre si parla di secondary issue e l'operazione subisce una tassazione a carico della parent.

L'Equity Carve Out prevede due diverse modalità di realizzazione che si differenziano nella pre-esistenza o meno della sussidiaria che viene in parte ceduta: il Subsidiary Equity Carve-Out e il semplice Initial Public Offering.

Si parla di Subsidiary Equity Carve-Out quando l'operazione si sostanzia in una transazione nella quale la parent crea una nuova e indipendente entità legale e assegna parte (la minoranza) dello stock azionario della stessa al pubblico.

85

Sebbene la parent ne detenga il controllo tramite il mantenimento della maggioranza, la composizione della compagine azionaria, che dipende dalla vendita dell'equity sul mercato, può evidentemente risultare totalmente diversa da quella propria della parent.

Le risorse derivanti dalla vendita dell'equity possono essere detenute dalla sussidiaria ovvero trasferite alla parent sottoforma di dividendi o finanziamento intercompany.

Qualora, invece, l'entità legale che accoglie la target sia già esistente, formalizzata e legalmente distinta dalla casa madre, l'operazione si risolve semplicemente nella vendita di una parte dello stock di un'azienda precedentemente detenuta interamente dalla parent; in tal caso di parla di Initial Public Offerings e ciò crea un'infusione di cassa nella parent, che può essere conservata in azienda ovvero distribuita tra i soci.

Come anticipato, generalmente l'operazione di Equity Carve Out rappresenta una fase intermedia nell'implementazione del piano strategico della parent. Nella fattispecie, nella maggior parte dei casi all'Equity Carve Out segue la completa cessione del business ovvero il suo riacquisto da parte della casa madre e, pertanto, si è soliti considerare l'Equity Carve Out come un'opzione reale, e nello specifico una call option a riacquistare o una put option a vendere. Studi dimostrano l'esistenza di un legame tra la motivazione che induce la parent a disinvestire tramite questa modalità e la successiva riacquisizione dell'unità target.

La probabilità di una riacquisizione della target successivamente a tale operazione aumenta quando obiettivo della parent sia accertare l'esistenza di una sinergia tra se stessa e la target; sinergia, la cui presenza non può essere verificata quando la target è parte dell'organizzazione.

Dopo il Carve Out, quindi, qualora la relazione tra le due unità presenti sinergie positive, la parent riacquisirà la target all'interno della propria organizzazione, in assenza la cederà totalmente a terzi.

Basandoci sui risultati dello studio se il motivo che spinge la parent è sbloccare il valore della controllata, all'operazione di Carve Out seguirà, molto probabilmente, un'ulteriore operazione di cessione ovvero di riacquisto.

Altri studi evidenziano una correlazione positiva tra la probabilità che il business oggetto di Equity Carve Out venga riacquisito e ulteriori due elementi; nel dettaglio, la probabilità che il business venga riacquistato dalla parent aumenta: Qualora la parent detenga la maggioranza nella composizione della compagine azionaria dell'entità creata per l'Equity Carve-Out; Qualora la parent e la target presentino una elevata connessione in termini di prodotto-mercato o relazioni finanziarie.

Al contrario, quando, si dimostra l'assenza di sinergie e la cessione del business target diventa totale, l'Equity Carve Out rappresenta un primo passo volto al trasferimento del controllo aziendale a soggetti terzi in grado di incrementarne il valore. Suddividendo l'azienda in business di dimensioni minori, si consente agli offerenti di acquisire il controllo aziendale senza sostenere immediatamente i costi associati ad un'operazione di Corporate Sell Off.

Il processo di Equity Carve Out si può scomporre in due momenti fondamentali: il primo, in cui la linea di business scelta viene consolidata attraverso la costituzione di una Subsidiary alla quale vengono assegnate le attività e passività e, il secondo, nel quale avviene la cessione di parte delle azioni della società controllata al pubblico tramite IPO.

In base al soggetto offerente l'operazione di Equity Carve Out può essere realizzata adottando due differenti procedimenti. Nel Primary Carve-Out è la stessa controllata a vendere azioni della società Carve-Out agli investitori esterni tramite IPO; la parent, quindi, non riveste alcun ruolo attivo nell'operazione di vendita delle azioni ma ne subisce gli effetti a causa di una diluzione della propria partecipazione nella target.

A fronte della vendita di nuove azioni a investitori esterni la target sostiene un aumento di capitale, realizzando, di fatto, la procedura che configura l'Offerta Pubblica di Sottoscrizione poiché le azioni vendute sono di nuova emissione.

Le risorse derivanti dall'IPO affluiscono direttamente alla target la quale può utilizzarle per stabilizzare la propria struttura di capitale oppure per finanziare la propria crescita.

Nel Secondary Carve-Out la vendita delle azioni della target ai nuovi azionisti tramite IPO viene effettuata dalla parent alla quale, di conseguenza, sono destinati i proventi derivanti da tale operazione. Tale fattispecie ricalca il modello dell'Offerta Pubblica di Vendita, in quanto avviene la cessione di azioni proprie della parent, ovvero già emesse. Anche in questo caso la parent subisce una diluzione della propria partecipazione nel capitale della target.

Quando la Casa Madre vende parte delle proprie azioni ma destina il ricavato all'azienda parent si realizza una modalità intermedia, raccoglie elementi sia del Primary che del Secondary Carve-Out.

Il procedimento di Equity Carve-Out non prevede alcun adempimento particolare in aggiunta a quelli richiesti per le semplici operazioni di IPO. Nella fattispecie, non vi è alcun obbligo particolare per l'approvazione degli azionisti se non quando le azioni vendute rappresentano la quasi totalità delle azioni della sussidiaria.

La particolarità associata a questo genere di operazioni consiste unicamente nella necessità di nominare dei rappresentanti degli azionisti di minoranza nell'organo amministrativo adempimento che vuole tutelare la minoranza degli azionisti, dal momento che, benché la composizione del consiglio d'amministrazione dovrebbe riflettere la nuova struttura proprietaria, solitamente, la gran parte delle nomine spetta alla parent in virtù della maggioranza dei voti posseduta.

Il processo di IPO della sussidiaria ricalca il processo di quotazione di una qualsiasi impresa e si basa su una profonda disclosure richiesta dalla autorità garante della trasparenza e correttezza informativa a vantaggio del mercato. Il processo ha una durata media di almeno 8-9 mesi e può essere suddiviso in tre fasi: Pre-Filing Period; Waiting Period; Post - Effective Period.

Il periodo di Pre-Filing è il periodo più intenso e impegnativo per l'impresa che intraprende un IPO e comprende: la selezione dei sottoscrittori delle azioni, l'organizzazione delle riunioni organizzative, l'implementazione della due diligence e la redazione della dichiarazione di registrazione.

Tale dichiarazione, che viene redatta dopo una serie di incontri che avvengono in un periodo dalle quattro alle sei settimane tra i sottoscrittori, il team aziendale impegnato nell'operazione, i legali e la società di revisione, deve soddisfare tutti i requisiti dalla autoritá di vigilanza di borsa valori.

La redazione di un documento in parte pubblico e in parte privato, è più esigente di quello richiesto per il Corporate Spin Off ed, in particolare, richiede la specificazione della destinazione delle risorse finanziarie derivanti dall'operazione e l'elenco e la descrizione di tutti i fattori, interni ed esterni, che influenzano il princing.

La dichiarazione di registrazione, dopo essere stata redatta secondo tali indicazioni, deve essere inviata alla autoritá di vigilanza per la sua approvazione. La data di deposito della richiesta, che è chiamata Filing Date, apre il Waiting Period che termina con la dichiarazione di efficacia della dichiarazione di registrazione.

In questo periodo gli underwriter possono offrire per iscritto gli strumenti azionari utilizzando un prospetto preliminare, definito red herring.

Nel periodo d'attesa alle aziende è concesso anche avviare l'attività di Pre-Marketing attraverso una serie di incontri e presentazioni dell'operazione, chiamate roadshow, rivolti agli investitori istituzionali con lo scopo di promuoverla.

Dalla data in cui la autoritá dichiara l'efficacia delle dichiarazione di registrazione, si entra nel Post effectiveness Period nel quale l'impresa può iniziare la sottoscrizione e il collocamento delle azioni presso gli investitori. Prima di questo ultimo passo, avviene il pricing delle azioni e la redazione di un ultimo completo documento contenente l'offerta finale.

Apparentemente, l'operazione di Equity Carve Out non presenta evidenti vantaggi per la casa madre essenzialmente a causa di tre motivazioni principali: L'elevato importo dei costi legali, di sottoscrizione e organizzativi che la parent deve sostenere per la realizzazione dell'operazione; Gli eventuali undepricing delle azioni per assicurarsi il successo nella collocazione; La nuova attribuzione dei profitti a scapito dei soci. Prima dell'Equity Carve Out i profitti della sussidiaria spettavano interamente alla parent, successivamente all'operazione essi spettano pro rata anche ai nuovi soci di minoranza.

Tuttavia, ad un analisi più attenta, emergono le motivazioni e i driver che spiegano la creazione di valore e che inducono le aziende parent a intraprendere tali operazioni.

Analogamente alle altre modalità di disinvestimento, anche l'Equity Carve Out consente alle imprese coinvolte un miglioramento delle performance operative grazie, in primo luogo, ai vantaggi derivanti dalla focalizzazione sul core business aziendale.

In particolare, miglioramenti sul focus aziendale comportano aumenti nella valutazione del valore dell'impresa poiché le competenze manageriali possono essere sfruttate in misura maggiore in presenza di business correlati tra loro piuttosto che quando la classe manageriale si trova a gestire asset non attinenti al core business.

Da tali considerazioni discende che non solo la parent, ma anche la target, subirà un aumento di valore conseguente all'incremento del focus aziendale. La solo parziale separazione del business oggetto di Carve Out dal resto della parent ed il mantenimento di rapporti tra loro consente, inoltre, ad entrambe le imprese di continuare a godere dei vantaggi derivanti dall'esistenza di sinergie positive quali, ad esempio, l'esistenza di economie di scala e/o scopo che, originando importanti sinergie di costo e ricavo, migliorano le performance operative aziendali.

La riduzione della complessità aziendale e la creazione di strumenti azionari negoziati separatamente dal resto dei business aziendali consentono l'implementazione di piani d'incentivazione per i manager della sussidiaria, non attuabili in assenza di strumenti indicanti le performance di una singola unità di business.

Dopo un'operazione di Carve Out, in sostanza, è possibile creare una struttura d'incentivazione maggiormente compatibile con gli interessi dei soci rispetto alla situazione ante Equity Carve Out. Tale possibilità, allineando gli incentivi tra il management e gli azionisti aziendali, riduce il conflitto di agenzia nell'azienda aumentandone l'efficienza.

Grande importanza rivestono, inoltre, le ragioni basate sulla destinazione dei ricavi derivanti dall'operazione di Equity Carve Out. Tra le diverse exit strategies, l'Equity Carve Out è quella che consente all'azienda di soddisfare le proprie necessità bilanciando due esigenze contrapposte: da un lato il reperimento di fonti di finanziamento, dall'altro, il mantenimento del controllo societario.

Questa particolarità consente alla parent di ricorrere all'Equity Carve Out ed utilizzare i ricavi derivanti da tale operazione per migliorare la struttura di capitale e finanziare la crescita della target.

In merito al primo punto, la cassa realizzata può essere utilizzata per riequilibrare la leva finanziaria aziendale. Nei casi in cui la leva finanziaria sia eccessivamente elevata, anche se positiva, questo induce un aumento degli oneri finanziari e induce la parent a cercare di reperire cassa per ripagare parte dei propri debiti e ridurre gli tali oneri.

Altrettanto spesso, inoltre, la cassa ottenuta può essere utilizzata per finanziare la crescita della stessa sussidiaria quando questo non può avvenire in modo vantaggioso attraverso il ricorso all'indebitamento e le risorse interne sono allocate in altri investimenti.

In particolare, quando gli investitori individuano nell'operazione la possibilità di cogliere opportunità di crescita e svilupparle indipendentemente dal resto dell'impresa l'Equity Carve Out, l'operazione in oggetto è accolta in modo estremamente favorevolmente.

Un'altra ragione per spiegare l'adozione di tale metodo di disinvestimento è legata alla teoria delle asimmetrie informative; l'Equity Carve Out può essere visto come un'emissione indiretta di azioni da parte della parente motivata dalla constatazione che quando le azioni della casa madre sono sottovalutate e quelle della target sono sopravvalutate è molto più conveniente procedere con un'emissione di azioni da parte di quest'ultimo soggetto in modo da ottenere maggiori risorsi dalla vendita delle partecipazioni.

In ultimo, come anticipato, tale modalità di disinvestimento consente alla parent di realizzare una operazione senza carattere di definitività, lasciando la possibilità di scegliere nel futuro, secondo il dispiegarsi degli eventi successivi, se cedere completamente il business a terzi, ovvero riacquisirlo.

Capitolo VIII

Valutazione finanziaria
della strategia di disinvestimento

La decisione di disinvestire un'unità o una divisione necessita di un supporto concreto. I razionali evidenziati alla luce della teoria dell'agenzia, della teoria istituzionale, della teoria basata sulle risorse e dall'efficienza organizzativa non bastano a sostenere un processo che coinvolge numerosi attori e si manifesta in una pluralità di fasi, comportando un notevole dispendio di risorse.

La principale dimensione che caratterizza l'analisi finanziaria delle scelte strategiche è il supporto alle decisioni. La funzione finanziaria fornisce le tecniche per misurare la creazione o distruzione di valore associata alla decisione.

É bene sottolineare la particolarità che richiede la valutazione, non tanto di una semplice impresa privata, ma di un'azienda multibusiness che occupa diversi settori, presentando delle specificità in ogni ambiente e differenziando sostanzialmente l'attività a seconda del segmento e del mercato coinvolti.

In un tale contesto poliedrico le divisioni presentano profili di rischio e prospettive di crescita molto diversi tra di loro, inoltre è presente un confronto con una concorrenza differente in termini di entità e di peso specifico acquisito nel mercato. In questo caso si ricorre ad una valutazione per somma di parti (Sum of Parts valuation-SoP).

Tale tecnica di analisi si sostanzia nella valutazione autonoma di ogni singolo business che compone il portafoglio delle attività dell'impresa. I valori così individuati, anche attraverso diversi procedimenti che rispettano la natura e le specificità delle singole entità, vengono poi sommati per avere come risultato complessivo il valore effettivo della corporate che andrà poi confrontato con il valore di mercato e permette di individuare se il gruppo sia sovra o sottovalutato ed eventualmente, in caso di sottovalutazione, procedere ad un disinvestimento in grado di ripristinare il valore reale, andando a chiudere il value gap evidenziato dalle differenti valutazioni.

Il metodo di valutazione così definito è preferibile per l'analisi di imprese multibusiness o gruppi per tre principali ordini di ragioni, insite nella diversa natura data dalla complessità di questa forma organizzativa rispetto ad entità monobusiness. In primo luogo i bilanci individuali delle eventuali singole società che compongono il gruppo e il bilancio consolidato non costituiscono la base per l'avvio della valutazione poiché in una valutazione equity side la somma degli utili netti delle singole società non individua il risultato di pertinenza mentre e nell'approccio asset side 37 lo stato patrimoniale non esprime la posizione finanziaria effettiva del gruppo e nel conto economico non si distingue tra quota di pertinenza del gruppo e quella di terzi.

In secondo luogo l'utile netto espresso nel bilancio consolidato è il risultato della somma di flussi che provengono da diversi business non confrontabili tra loro e che discordano, principalmente, in termini di profili di rischio e prospettive di crescita. Infine, l'allocazione delle risorse finanziarie, interne al gruppo, può non seguire la logica della massimizzazione del valore per gli azionisti, poiché alcuni business sono considerati di supporto ed una valutazione sintetica non tiene conto di tali specificità.

Da ciò risulta evidente come, una stima dell'impresa ante disinvestimento, necessita di un'attenta analisi che si esplica in diversi passaggi, che compongono la cosiddetta Sum of Parts valuation. Il procedimento si esplica principalmente in quattro distinte fasi.

Per prima cosa vengono valutati i singoli business come entità separate tra loro ed in relazione alle loro caratteristiche, evidenziando per ognuna il peso specifico a livello di corporate. La valutazione viene effettuata seguendo la logica stand alone. Una volta in possesso di tali stime il valore della casa madre è composto dalla somma di queste.

A questo punto è necessario porre l'attenzione sui costi comuni che sono presenti a livello centrale ma non possono essere allocati a livello di singole unit. Tali elementi vengono scontati al costo del capitale per la casa madre e vanno ad abbattere l'Enterprice value precedentemente calcolato.

Infine, una volta sottratto il debito corporate non allocabile, si giunge all'Equity value, che rappresenta il valore intrinseco dell'impresa. Questo valore andrà a confrontarsi con la capitalizzazione in borsa, sempre che l'impresa sia quotata, determinando una differenza. Se positiva il gruppo viene sottovalutato dal mercato, viceversa se negativa.

Naturalmente esistono molteplici criteri di valutazione, atti a definire il valore delle imprese. In questo contesto non viene richiesto di esaminare ogni metodologia o criterio, ma è necessario richiamare i principali aspetti sui quali noi focalizzeremo l'attenzione poiché vengono spesso coinvolti nei processi di disinvestimento. Utile ribadire che un criterio non ne esclude un altro, anzi, per operazioni così complesse vengono presi in considerazioni più modelli che vengono confrontati tra di loro per un risultato il più possibile attendibile. Il nostro interesse riguarderà i metodi finanziari, con un approfondimento del Discounted Cash Flow model.

L'aspetto cruciale che ci interessa sottolineare nella valutazione finanziaria di um sell-off è la valutazione della divisione oggetto del disinvestimento. L'obiettivo principale per un venditore è la massimizzazione del ricavo derivante dalla cessione e per fare questo è necessario valorizzare, o meglio valutare, nel migliore dei modi l'oggetto del trasferimento. A questo punto entrano in gioco differenti variabili e differenti criteri valutativi atti a meglio interpretare questa esigenza.

La prima considerazione riguarda la natura del business che é in vendita. Questa è da intendere come l'insieme delle attività in cui si muove l'entità da analizzare, iniziando l'analisi degli studi macroeconomici sull'andamento del settore fino a ricercare le serie storiche dell'impresa individuabili attraverso i bilanci societari.

Una volta effettuato questo passaggio viene scelto il criterio di valutazione da utilizzare. In linea generale, in questo tipo di operazioni si ricorre principalmente ad una valutazione stand alone attraverso il metodo del Discounted Cash Flow e con il metodo dei multipli di transazioni comparabili si può confrontare il premium price pagato dall'acquirente per operazioni analoghe di imprese simili. In base al DCF il valore dell'unità è calcolato come la somma del valore attuale dei flussi di cassa futuri che l'entità stessa sarà in grado di generare.

Procedendo con ordine il passaggio successivo sarà quello di illustrare le variabili considerate partendo dal metodo utilizzato per il calcolo dei flussi di cassa. È diffuso l'utilizzo dei flussi di cassa unlevered, a disposizione dell'impresa, rispetto i flussi levered, spettanti agli azionisti.

I flussi di cassa avanzano ad un tasso di crescita che è determinato dal tasso di reinvestimento degli utili, ossia la percentuale dei dividendi non distribuiti e la redditività sugli investimenti operativi (ROI).

Questo strumento si predilige poiché presenta determinate caratteristiche non riscontrabili in altri metodi di analisi. A titolo esemplificativo ricordiamo che il VAN è in grado di valutare un solo progetto di investimento e non di una strategia mentre i cosiddetti indicatori contabili, tra cui il ROE, il ROA e il ROI non tengono in considerazione il fattore temporale.

Il valore di una strategia, in questo caso di un disinvestimento tramite sell-off, è dato dalla differenza tra il valore societario iniziale e quello a termine dell'espletamento dell'operazione. Il valore iniziale, nel caso in cui l'impresa non sia quotata è determinabile attraverso due distinti approcci.

In un caso vengono utilizzati i flussi di cassa levered ed il valore dell'equity è determinato in modo diretto. I flussi vengono scontati ad un tasso rappresentativo del costo dell'equity, ottenibile dall'utilizzo del modello del Capital Asset Pricing Model (CAPM).

Come noto la differenza tra il rendimento di un portafoglio ben diversificato e il tasso privo di rischio è l'extra rendimento che viene richiesto dall'investitore e rappresenta il rischio specifico, non eliminabile, dell'azienda. L'investitore vuole essere ricompensato se si assume un rischio maggiore di un portafoglio ben diversificato e viene richiesto un extra rendimento per ogni unità di rischio supportato.

Il coefficiente che determina come la variabilità dei rendimenti del portafoglio di mercato si riflette sulla variabilità dei rendimenti del titolo é determinato considerando il grado di leva operativa, il grado di leva finanziaria e la ciclicità del business. Ovviamente più alti sono questi parametri e maggiore risulterà il coeficiente. Quando è maggiore di 1 viene richiesto un rendimento maggiore poiché vi è un rischio aggiuntivo. In diverse parole è l'indice di rischiosità sistematica e ci mostra di quanto l'azienda è esposta rispetto al mercato.

Diversamente, nell'approccio Asset Side, i flussi sono attualizzati al costo medio ponderato del capitale (WACC). Il parâmetro costo del debito dipende dal livello di indebitamento, dal livello degli interessi generali e dalle tasse.

Tale posta risente indubbiamente dell'andamento dell'economia mondiale poiché il tasso applicato dalle banche si compone di uno spread influenzato dal credit rating dell'impresa.

Utilizzando questa seconda impostazioni il valore azionario finale si compone della differenza tra l'Enterprice Value e la posizione finanziaria netta.

Il valore residuo, calcolato nell'orizzonte temporale considerato prende la forma di una rendita perpetua che cresce in ragione del tasso di crescita dei flussi di cassa. Tendenzialmente questo valore non si discosta di mosto dal tasso di inflazione.

Si utilizza tale metodo poiché presenta dei vantaggi in termini di applicazione. Consente di legare le decisione del management alla capacità di creazione di valore attraverso una strategia, creando un legame tra le scelte operative e gli elementi del valore dell'impresa (cash flow, tasso di attualizzazione e tasso di indebitamento).

È opportuno presentare anche le due maggiori criticità nell'azione di tale modello, ossia la complessità e la stima dei flussi di cassa che, ad ogni modo, sono previsionali.

Un'interessante analisi finanziaria di un'operazione di sell-off può essere effettuata attraverso il metodo dei multipli di transazioni comparabili (transazioni simili per natura). Tale tipologia è in grado di evidenziare il rapporto tra valori impliciti in un'operazione di compravendita e grandezze economico-patrimoniali di un'impresa.

In un esercizio di compravendita è evidente il trade-off tra venditore e compratore ed il prezzo pagato, che in linea teorica dovrebbe corrispondere al valore dell'Equity dell'impresa ceduta, viene influenzato da numerosi elementi soggettivi che si manifestano in una tipica operazione di sell-off.

Dal lato del venditore vi è una necessità di monetizzare quanto più possibile il capitale azionario. Il compratore viene spesso ingannato dalle proprie considerazioni sulle capacità sinergiche derivanti dall'acquisizione.

In linea teorica vi sono tre principali fattori che influenzano il prezzo dell'operazione ed il valore effettivamente pagato si discosta da quello oggettivo: fattori sinergici, fattori finanziari, fattori fiscali e fattori negoziali.

Nei primi rientrano l'importanza strategica del progetto, le sinergie attese, l'unicità dell'operazione, l'eventuale eliminazione di un concorrente o la sottrazione di un'alternativa ai competitor.

Nel secondo gruppo ritroviamo l'entità dell'investimento, la struttura e la stabilità dei flussi generati dall'impresa acquisita, le conseguenze sulla struttura del capitale della società acquirente e la possibilità di ridurre la tassazione in capo al compratore.

Infine la disparità del potere contrattuale, le condizioni di pagamento, le clausole accessorie e le eventuali garanzie contrattuali rientrano nei fattori negoziali.

Il vantaggio nell'utilizzo di tale metodo è l'individuazione del premium price pagato per operazioni simili. Secondo Porter il premim price è la differenza tra il valore oggettivo di un prodotto e quanto gli acquirenti sono disposti a pagarlo. Nelle operazioni di sell-off più il compratore considererà di valore il business acquisito, maggiore sarà questa differenza.

Valutare un disinvestimento tramite sell-off richiede il confronto con operazioni simili e quindi premium price simili. Una volta confrontati tali indicatori, sarò in grado di giudicare la qualità dell'operazione, anche se con evidenti limiti, dati soprattutto dalla soggettività imposta dal modello nella scelta di transazioni comparabili. Il metodo dei multipli ricorre solo in veste suppletiva e non sostitutiva rispetto al DCF Method.

Nelle operazioni di Mergers and Acquisitions è frequente l'utilizzo di un altro indicatore per commentare il prezzo pagato dall'acquirente e si tratta dell'analisi Accretion/Dilution dell'EPS pro forma.

L'EPS è calcolato come rapporto tra gli utili prodotti dall'impresa ed il numero delle azioni in circolazione. Mentre per un'operazione di M&A è evidente, a meno di transazioni negative, un accrescimento degli utili (accretion), poiché si amplia lo spettro delle attività del gruppo e quindi migliora il rapporto, difficilmente, nel caso di un disinvestimento, il rapporto subirà variazioni positive, determinando spesso una diluizione degli utili per azione (dilution).

Come è evidente, nel caso di un sell-off, diminuisce la portata di azione della casa madre e di conseguenza diminuiscono gli utili, a meno che non si è trattata la cessione di un business non profittevole e con nulleprospettive di crescita. In questo caso la casa madre sarà in grado di migliorare la propria struttura di capitale, aumentando sensibilmente le prospettive di sviluppo poiché si è liberata della sussidiaria non performante e l'analisi accretion/dilution presenterà un segno positivo.

È necessario valutare l'operazione in termini di dimensione assoluta rispetto al segno, positivo o negativo, che descrive il modello. In questi termini è necessaria l'analisi del valore della parent a seguito della cessione più il valore incrementale generato per l'acquirente.

Il corporate spin-off si conforma in una separazione di un business dalla casa madre. Le azioni della società, che può essere di nuova costituzione o preesistente, sono distribuite ai soci della parent in maniera proporzionale alla quote detenute nella casa madre. Tramite questa tipologia di disinvestimento non muta l'assetto proprietario, mentre si ha un cambiamento negli organi di controllo della società scorporata.

La valutazione finanziaria di uno spin-off si compone essenzialmente di tre fasi: valutazione della casa madre e dei singoli business; individuazione del business target da disinvestire; stima della creazione di valore post disinvestimento attraverso l'analisi delle due entità separate (parent e target). La valutazione finanziaria della casa madre viene effettuata secondo i notlo schema della Sum of Part valuation.

Grazie a tale tipologia si evidenzia l'eventuale value gap da chiudere attraverso il disinvestimento. L'ottica seguita in questo tipo di analisi è quella stand alone in quanto le divisioni sono analizzate partendo dai risultati economici e finanziari conseguiti dalle divisioni e si evidenzia il peso specifico di ogni singolo business all'interno del gruppo societario. Il valore stand alone lavora sotto l'ipotesi di autonomia gestionale e l'azienda in oggetto è considerata come entità operativamente autonoma, prescindendo da eventuali effetti sinergici.

Diversamente, per una valutazione corretta dei singoli business e quindi anche della target, è necessaria un'ulteriore analisi sotto ipotesi di continuità (going concern). Il valore che ne deriva è determinato sotto l'assunzione che l'impresa è operativamente attiva, senza la previsione di cambiamenti imminenti. Contrariamente alla logica stand alone in questa prospettiva il valore è legato ai risultati futuri conseguibili dall'unità come entità separata dalla casa madre.

Il valore così determinato è quello implicito ed assume rilevanza particolare nella determinazione del valore azionario del singolo business che sarà oggetto di trasferimento.

Per individuare il business target da disinvestire non si prescinde da una valutazione attraverso il Discounted Cash Flow method e, in aggiunta, una valutazione attraverso il metodo dei multipli. In linea generale il multiplo è un rapporto in grado di esprimere sinteticamente il valore dell'azienda oggetto di analisi sotto il punto di vista selezionato. Al numeratore si trova l'Enterprise Value o l'Equity Value, a seconda dell'approccio scelto, mentre al denominatore poniamo una variabile in grado di sintetizzare la capacità di un'impresa di produrre ricchezza.

I principali vantaggi di questa metodologia sono la semplicità di utilizzo, la confrontabilità tra più aziende, la convergenza a risultati simili per analoghe imprese, la stabilità e l'ordinabilità.

Il processo si compone di quattro fasi essenziali: determinazione delle imprese comparabili analizzando le dimensioni profilo di rischio, tasso di crescita e flussi di cassa; scelta dei multipli significativi; calcolo dei multipli; identificazione dell'intervallo di valori da confrontare con il valore del multiplo della società oggetto di valutazione.

La prima fase è la parte più delicata del processo e consente di creare un campione omogeneo con il quale confrontare il business oggetto di analisi. Alcune delle determinanti da prendere in considerazione sono il settore di riferimento, la dimensione e la redditività aziendale, i prodotti o servizi offerti e la composizione proprietaria.

Il secondo passo è scegliere quali multipli prendere in considerazione per la nostra analisi.

In funzione del business di riferimento in cui opera la divisione da valutare, i diversi multipli possono essere più o meno significativi. Tale tipologia si compone di un insieme di multipli da prendere in considerazione, in grado di valutare l'azienda sotto più profili. A seconda dell'approccio utilizzato possiamo distinguere tra multipli Asset Side e multipli Equity side.

Il primo di questi è strettamente legato alla capacità di crescita dei ricavi della società. Non è mai negativo, converge verso una certa stabilità nel tempo e risente meno delle politiche contabili che possono differire tra le imprese, soprattutto in un confronto infrasettoriale a livello internazionale.

Il rapporto tra Enterprise Value e margine operativo lordo viene usato molto spesso poiché riferito alla capacità di generare valore attraverso l'attività caratteristica dell'azienda. Inoltre viene solo parzialmente influenzato dalle diverse politiche fiscali e contabili.

Il terzo indicatore, diversamente, si rapporta al margine operativo e viene preferito nel caso in cui l'attivo è caratterizzato da una forte presenza di immobilizzazioni materiali ma risente molto delle eventuali differenze sotto il profilo contabile tra le società.

Dal lato Equity Side, il multiplo maggiormente utilizzato è il rapporto tra prezzo di mercato ed utile netto per azione. Misura il numero di volte in cui la società ripagherebbe con i suoi utili l'investimento effettuato dagli azionisti nell'arco di un anno.

I vantaggi principali nella scelta di tale multiplo risiedono nella semplicità nel processo di calcolo e nella disponibilità delle informazioni. Il principale contributo alla creazione di valore da parte dell'impresa è la capacità di generare utili ed è per questo che tale rapporto è quello maggiormente interessato dagli analisti di borsa.

Il secondo indicatore nell'asse Equity Side esprime il rapporto tra la capitalizzazione e patrimonio netto. È indice di quanto l'investitore sia disposto a pagare in più rispetto al valore patrimoniale della società.

In ultimo, il rapporto tra il prezzo dell'azione e il flusso di cassa netto per azione indica il numero di volte in cui viene ripagato l'investimento tramite i flussi di cassa generati dalla società nell'arco di un anno.

Una volta scelti i multipli di maggiore interesse si procede al calcolo di questi per il campione di imprese comparabili e l'entità oggetto di valutazione. In questa fase è generalmente condiviso l'applicazione di uno sconto ai valori ottenuti per meglio omogenizzare la classe di imprese. Una volta che si è proceduti al calcolo dei valori si confronta quello della target con quello medio delle società comparabili.

Dal confronto può emergere una sopravvalutazione o una sottovalutazione del titolo e di conseguenza agire. Nel caso di un disinvestimento ci troveremo di fronte, nella maggior parte dei casi, ad una sottovalutazione della divisione che è parte di un gruppo societario più grande e, attraverso lo spin-off, si persegue l'obiettivo di assicurare un corretto apprezzamento della società da parte del mercato.

Per quanto riguarda la creazione di valore tramite spin-off, misurata attraverso l'accretion o dilution dell'EPS pro forma, valgono le stesse considerazioni svolte per il disinvestimento tramite sell-off per cui il valore cumulato delle società post deal dovrebbe essere maggiore rispetto la precedente composizione.

Inoltre, nell'ipotesi in cui la target corrisponde dei dividendi alla casa madre, a meno che la liquidità così generata non venga utilizzata per ridurre la posizione debitoria della parent, l'utile per azione verrà modificato in senso positivo e l'operazione registrerà un risultato positivo (accretion). È evidente che si tratta di una condizione una tantum.

Attraverso un equity carve-out si destina un ramo aziendale alla quotazione nel mercato azionario. La quotazione, nella maggioranza dei casi, riguarda solo una parte del patrimonio netto della parent che confluisce nell'unità ceduta ed avviene tramite un IPO.

Come giá specificato l'oggetto del disinvestimento può essere una sussidiaria interna al portafoglio attività della casa madre oppure può essere una società già legalmente distinta ed autonoma.

Tale tipologia consente di reperire risorse finanziarie tramite la quotazione delle azioni nei mercati di capitali ed il ruolo principale della valutazione finanziaria dell'operazione risiede nella capacità di apprezzare la società distinta, definendone il pricing dell'offerta al pubblico.

L'apertura al mercato è la determinante principale per la creazione di valore tramite carve-out. Gli analisti finanziari pongono l'attenzione sul profilo di rischio e sulle prospettive di crescita della casa madre e dell'unità target, oggetto della quotazione, fornendo dati con maggiore precisione e trasparenza.

Tali caratteristiche contribuiscono ad un miglioramento nell'apprezzamento del valore intrinseco dell'unità, ma anche della parent, che sceglierà la percentuale della partecipazione da detenere nella disinvestita.

Come per uno spin-off la valutazione segue la logica della Sum of Parts valuation, per apprendere l'eventuale sottovalutazione del gruppo. A livello di business target l'analisi going concern partecipa alla definizione del pricing, che, ricordiamo, deriva dalla negoziazione di più attori tra i quali le banche sottoscrittrici, le istituzioni e gli investitori, con la casa madre, influenzati dall'andamento del mercato e dall'interesse esercitato durante il road show.

Questo tipo di operazione presenta delle specificità particolari che incidono sulla definizione degli utili che conseguono.

La particolarità dipende dalla quota di controllo che la parent continua a detenere nella target. Se maggiore dell'80% il principio contabile seguito è quello del consolidamento totale del business e agli utili della casa madre andranno aggiunti quelli della sussidiaria. In questo caso, la valutazione dell'EPS pro forma registrerà un segno positivo che difficilmente rispecchia il valore reale dei singoli business autonomi. Allo stesso modo, prendendo in considerazione il rapporto prezzo su utili per azioni, sarà necessario un aggiustamento per poter confrontare le due società con imprese omogenee.

Come più volte sottolineato questo tipo di operazione consente di reperire risorse finanziarie da destinare, a seconda della scelta, a ripagare debiti contratti in precedenza dalla società e riequilibrare la leva finanziaria oppure possono essere finalizzati a nuovi investimenti o essere distribuiti sotto forma di dividendi. A seconda dell'utilizzo si modificheranno i multipli utilizzati per le valutazioni precedenti.

Bibliografia

Afshar K.A., Taffler R.J. and Sudarsanam P.S. (1992) "The effect of corporate divestments on shareholder wealth: The UK experience" Journal of Banking and Finance, 16: 115-135

Ang J., Jong A. and Poel M. (2014) "Does familiarity with business segments affect CEO's divestment decisions?" Journal of Corporate Finance, 29: 58-74

Baroncelli A. and Manaresi A. (1997) "Franchising as a foorm of divestment: an italian study" Industrial marketing management, 26: 223-235

Berger P.G. and Ofek E. (1995) "Diversification's effect on firm value" Journal of Financial Economics, 37: 39-65

Bergh D. D. (1995) "Size and relatedness of unit sold: an agency theory and resource-based perspective" Strategic Management Journal, 16: 221-239

Bergh D.D. and Sharp B.M. (2012) "How far do owners reach into the divestiture process? Blockholders and the choice between spin-off and sell-off" Journal of Management, 20,10: 1-29

Berle A. A. and Means G. C. (1932) "The modern corporation and private property" 2° Ed. Harcourt, Brace and World, New York

Bethel J. E. and Libeskind J. "The effect of ownership structure on corporate restructuring" Strategic Management Journal, 14: 15-31

Bhide A. (1990) "Reversing corporate diversification" J.Appl: Corporate finance, 3: 70-81

Brealy R.A., Myers S.C., Allen F., Sandri S. (2011) "Principi di finanza aziendale" McGraw-Hill, Sesta ed.

Brauer M. (2006) "What have we acquired and what should we acquire in divestiture research? A review and research agenda" Journal of Management, 32,6: 751-785

Burt S., Dowson J. And Sparks L. (2004) "The international divestment activities of european grocery retailers" Europea Management Journal, 22, 5: 483-492

Capron L., Mitchelle W. And Swaminathan A. (2001) "Asset divestiture following horizontal acquisition: a dynamic view" Strattegic management Journal, 22: 817-844

Chen P.F. and Zhang G. (2007) "Segment profitability, misvaluation, and corporate divestment" The Accounting Review, 82, 1: 1-26

Coase R.H. (1937) "The nature of the firm" Economica, 4: 386-405

Cohen W.M. and Levinthal D.A. (1990) "Absorptive capacity: A new perspective on learning and innovation" Cornell University,35: 128-152

Collins D.J. and Montgomery C.A. (2007) "Corporate strategy" McGraw-Hill, p. 166

Davis G.F., Diekmann K.A. and Tinsley C.H. (1994) "The decline and fall of the conglomerate firms in the 1980s: The deistitutionalization of an organizational form" American Sociological Review, 59, 4: 547-570

Defren T., Bernd W.W. and Ullrich S. (2012) "Divestment management: Success factors in the negotiation process of a sell-off" Long Range Planning, 45: 58-276

Decker C. and Mellewigt T. (2007) "Thirty years after Michel E. Porter: what we know about business exit?" Academy of Management Perspectives, 41-55

Di Maggio P.J. and Powell W.W. (1983) "The iron cage revisited: institutional isomorphism and collective rationality in organizational fields" American Sociological Review, 48, 2: 147-160

Duhaime I.M. and Grant J.H. (1984) "Factors influencing divestment decision-making: Evidence from a field study" Strategic Management Journal, 5: 301-318

Fama E., Fisher L., Jensen M. and Roll. R. (1969) "The adjustment of stock prices to new information" International Economic Review, 10,1: 1-12

Gole W.J. (2009) "A structured approach to corporate divestiture transaction" CMA Management, 22-25

Gole W.J. and Hilger P.J. (2008) "Managing corporate divestiture transaction" Journal of Accountancy, 48-51

Hayes R. H. (1972) "New emphasis on divestment opportunities" Harvard Business Review 55-64

Haynes M., Thompson S. and Wright M. (2007) "Executive remuneration and corporate divestment: motivating managers to make unpalatable decisions" Journal of Business Finance and Accounting, 34: 792-818

Harrigan K. R. (1980) "The effect of exit barriers upon strategic flexibility" Strategic Management Journal, 1, 165:165-176

Helfat C.E. and Eisenhardt K. (2004) "Inter-temporal economies of scope, organizational modularity, and the dynamics of diversification" Strategic Management Journal, 25: 1217-1232

Hofstade G. (2001) "Culture's consequences" Thousand Oaks, CA: Sage

Hoskisson R.E., Johnson R.A., Mosel D.D. (1994) "Corporate divestiture intensity in restructuring firms: effect of governance, strategy, and performance" Academy of Management Journal, 37,5: 1207-1251

Hunt P. (2004) "Structuring, mergers & acquisition: A guide to creating shareholder value" 2° ed. Aspen Editore

Jensen M. C. and Meckling W. H. (1976) "Theory of the firm: managerial behavior, agency cost and ownership structure" Journal of Financial Economics, 4: 305-360

John K. And Ofek E. (1995) "Asset sales and increase in focus" Journal of Financial Economics, 37: 105-126

Lang L.H.P. and Stulz R.M. (1994) "Tobin's q, corporate diversification, and firm performance" Journal of Political Economy, 102,6: 1248-1280

Lang L.H.P., Poulsen A. and Stulz R. (1995) "Asset sales, firm performance, and the agency costs of managerial discretion" Journal of Financial Economics, 37:3-37

Levinthal D.A. and Wu B. (2010) "Opportunity costs and non-scale free capabilities: profit maximization, corporaate scope, and profit margin" Strategic Management Journa, 31: 780-801

Markides C.C. (1993) "Corporate refocusing" Business Strategy Review, 4(1): 1-15   137 Markides   C.C.   (1995) "Diversification, restructuring and economic performance" Strategic Management Journal, 16: 101-118

Markides C. C. and Singht H. (1997) "Corporate restructuring: a sympton of poor governance or a solution to past managerial mistake" European Management Journal, 15, 3: 213-219

Matusaka J.G. and Nanada V. (2002) "Internal capital markets and corporate refocusing" Journal of Financial Intermediation, 11:176-211

Mc Williams A. and Siegel D. (1997) "Event studies in management research: theoretical and empirical issues" Accademy of Management Journal, 40,3: 626-657

Meyer J.W. and Rowan B. (1997) "Institutionalized organizations: Formal structures as myth and ceremony" American Journal of Sociology, 83, 2: 340-363

Moliterno T.P. and Wiersema M.F. (2007) "Firm performance, rent apropriation, and the strategic resource divestment capability" Strategic Managemnt Journal, 28: 1065-1087

Montgomery C.A. and Thomas A.R. (1988) "Divestment: motives and gains" Strategic Management Journal, 9: 93-97

Moschieri C. and Mair J. (2011) "Adapting for innovation: Including divestiture in the debate" Long Range Planning, 44: 4-25

Nees D. (1981) "Increase your divestment effectiveness" Strategic Management Journal, 2: 119-130

Peng M.W., Sun S.L., Pinkham B. and Chen H. (2009) "The institution-based view as a third leg for a strategy tripod" Academy of a Management Perspective, 23, 3: 63-81

Penrose E.T. (1959) "The theory of the growth of the firm" Oxford University Press, Oxford

Peruffo E. (2013) "Verso una cultura del disinvestimento: strategia, governance e valore economico" Franco Angeli Editore

Porter M.E. (1976) "Please note location of nearest exit: exit barriers and planning" California Management Review, 2: 21-33

Porter M. (1985) "Competitve advantage: creating and sustaining superior performance" Free press

Powers. (2001). Spinoffs, Selloffs and Equity Carveouts: An Analysis of Divestiture Method Choice. The Darla Moore School of Business, University of South Carolina.

Rappaport A. (1981) "Selecting strategies that create shareholder value" Harvard Business Review, 139-150

Rappaport A. (1987) "Stock market signals to managers" Harvard Business review, 57-62

Ritchie J. and Dowlatabadi H. (2014) "Understanding the shadow impacts of investment and divestment decisions: Adapting economic input-output models to calculate biophysical factors of financial returns" Ecological Economics, 106: 132-140

Rvenscraft e Schrer. (1984). Mergers, Sell-offs and economic efficiency. Working paper. The Brookings Institution.

Schipper e Smith. (1986). A comparison of equity carve-outs and seasonedequity offerings: share price effects and corporate restructuring. Journal of Financial Economics Vol.15, pp. 153-186.

Scott W.R. (2003) "Institutional carriers: reviewing modes of transporting ideas over time and space and considering their consequences" Industrial and Corporate Change 12,4: 879-894

Selznick P. (1957) "Leadership in administration: a sociological interpretation" Evaston, IL: Row, Peterson

Sharma P. and Manikutty S. (2005) "Strategic divestment in family firms: role of family structure and community culture" Entrepreneurship Theory and Practice, 293-311

Shimizu K. And Hitt M. A. (2005) "What constrains or facilitates divestitures of formely acquired firms? The effect of organizational inertia" Journal of Management, 31: 50-72

Shleifer A. and Vishny R.W. (1991) "Takeovers in '60s and the 80s:evidence and implications" Strategic Management Journal, Winter Special Issues,12: 51-59

Slovin, Sushka e Ferraro. (1995). A comparison of the information conveyed by equity carve-outs, spin-offs and asset sell-offs. Journal of Financial Economics Vol.37 , pp. 89-104.

Smith A. (2012) "Totally Wired: On the Trail of the Great dotcom Swindle" Simon & Schuster

Song S. (2014) "Subsidiary divestment: the role of multinational flexibility" Manager Internal Review, 54: 47-70

Steiner T. L. (1997) "The corporate sell-off decision of diversified firms" Journal of Finance Research, 20: 231-241

Steingold F.S. (2012)"The complete guide to selling a business" Nolo Editore Stibel J. (2011) "Don't divest just because the economy is rotten" Harvard Business Review

Tehranian, Travlos e Waegelein . (1987). The Effect of Long-Term Performance Plans on Corporate Sell-Off-Induced Abnormal Returns. The Journal of Finance, Vol. 42 (4) , pp. 933-942.

Veld e Veld-Merkoulova. (2004). Do spin-offs really create value? The European Case. Journal of Banking & Finance Vol.28 , pp. 1111-1135.

Vijh. (2002). The positive announcement-period returns of equity carve-outs: asymmetric information or divestiture gains? Journal of Business Vol.75 , pp. 153-191.

Von Roger Rudisuli. (2005). Value Creation of Spin-offs and Carve-outs. Bamberg.

Wachtell, Lipton, Rosen and Katz (2013) "Spin-off guide" www.wlrk.com

Warner J.B., Watts R.L. and Wruck K.H. (1988) "Stock prices and top management changes" Journal of Financial Economics, 20, 1-2: 461-492

Wernerfelt B. (1984) "A resource based view of the firm" Strategic Management Journal, 5,2: 171-180